《国际汉语文化研究（第三辑）》
编委会

国际汉语文化

International Studies of
Chinese Language & Culture

（第三辑）

四川大学出版社

责任编辑：周　洁
责任校对：周　颖
封面设计：墨创文化
责任印制：王　炜

图书在版编目(CIP)数据

国际汉语文化研究. 第三辑 / 四川大学海外教育学院
主编. —成都：四川大学出版社，2018.10
　　ISBN 978－7－5690－2544－6

　　Ⅰ.①国… Ⅱ.①四… Ⅲ.①汉语－对外汉语教学－
教学研究　Ⅳ.①H195.3

中国版本图书馆 CIP 数据核字（2018）第 249650 号

书　名	国际汉语文化研究（第三辑）	
	Guoji Hanyu Wenhua Yanjiu (Di-san Ji)	
主　　编	四川大学海外教育学院	
出　　版	四川大学出版社	
地　　址	成都市一环路南一段 24 号 (610065)	
发　　行	四川大学出版社	
书　　号	ISBN 978－7－5690－2544－6	
印　　刷	郫县犀浦印刷厂	
成品尺寸	170 mm×240 mm	
印　　张	11	
字　　数	197 千字	
版　　次	2018 年 12 月第 1 版	
印　　次	2018 年 12 月第 1 次印刷	
定　　价	45.00 元	

◆读者邮购本书，请与本社发行科联系。
　电话:(028)85408408/(028)85401670/
　(028)85408023　邮政编码:610065
◆本社图书如有印装质量问题,请
　寄回出版社调换。
◆网址:http://press.scu.edu.cn

目　录

1

方 言

其 他

特　稿

"一带一路"视域下东南亚汉语
需求与教材研发*

周小兵　　刘美丽

中山大学中国语言文学系

摘　要：本文结合全球汉语教材库的教材信息和数据，分析东南亚国家汉语
　　　　教学的地区差异，讨论"一带一路"倡议提出后东南亚国家汉语需
　　　　求的新发展，进而探讨东南亚汉语教学的短板和汉语教材的现状，
　　　　最后提出东南亚地区汉语教材的研发方略。

关键词：一带一路；东南亚；汉语需求；教材研发

The Chinese Language Demand and Material
Development in Southeast Asia：The Belt and
Road Initiative Perspective

Zhou Xiaobing　　Liu Meili

Department of Chinese，Sun Yat-sen University

Abstract：Based on the information and data in Chinese Teaching Material
Corpus，this paper analyzes the regional differences of Chinese
teaching in Southeast Asian countries and discusses the new
development of the Chinese language demand after "the Belt and Road
Initiative" is proposed. Then the weak link of Chinese teaching and
the current situation of Chinese teaching materials in Southeast Asian

---

　　*　本文得到国家社会科学基金项目"基于语料库的汉语教材词汇多角度研究"（14BYY089）和
广东省哲学社科规划项目"国际汉语教材库建设"（GD13CEW02）的资助。

are discussed. At last，this paper proposes the development strategy of Chinese teaching materials in Southeast Asia.

Key words：the Belt and Road Initiative；Southeast Asia；the Chinese language demand；teaching materials development

东南亚一直是汉语国际教育最发达的地区。中国政府提出"一带一路"倡议之后，该地区对汉语的需求面迅速扩大，需求量迅速增长。本文考察东南亚地区对汉语的需求，结合国家汉办在中山大学的国际汉语教材研发与培训基地的研发情况，探讨该地区汉语人才培养和国际汉语教材研发的关系。

一、从教材看东南亚汉语教学的地区差别

根据汉语教学情况，可以把东南亚地区的汉语分为四类。第一，发达地区：新加坡、泰国、越南；第二，较发达地区：马来西亚、菲律宾、印度尼西亚、柬埔寨；第三，发展中地区：老挝、缅甸；第四，起步地区：文莱、东帝汶。

这种区别，我们可以从全球汉语教材库①中的教材信息中看出来。该教材库隶属国家汉办在中山大学的国际汉语教材研发与培训基地，目前收录适用于东南亚国家的汉语教材1 727册/种。

（一）教材的出版国信息

该教材库中，泰国、越南、新加坡、菲律宾、印度尼西亚、马来西亚、柬埔寨等国出版汉语教材1 458册/种，中国出版269册/种。具体情况见表1：

表1　用于东南亚的汉语教材出版分布表

国家	泰国	越南	新加坡	菲律宾	印尼	马来西亚	柬埔寨	中国	合计
数量	461	371	285	155	86	82	18	269	1 727
比例%	26.69	21.48	16.50	8.98	4.98	4.75	1.04	15.58	100

---

① 中山大学国际汉语教材研发与培训基地，2017教材库网站：www. ctmlib. com

由表 1 可知，泰国、越南、新加坡出版的汉语教材数量最多；菲律宾、印度尼西亚、马来西亚和柬埔寨出版的汉语教材数量较少；老挝、缅甸、文莱、东帝汶等 4 国出版的汉语教材，在教材库中没有发现。

（二）教材的媒介语分布

东南亚 11 国的官方语言情况如下：印度尼西亚——印度尼西亚语，泰国——泰语，马来西亚——马来语，越南——越南语，新加坡——英语、马来语、汉语、泰米尔语，菲律宾——菲律宾语、英语，缅甸——缅甸语，柬埔寨——柬埔寨语（又称高棉语），老挝——老挝语，文莱——马来语，东帝汶——德顿语、葡萄牙语。

教材媒介语，是考察教材国别化、区域化的重要指标。一般情况下，某个国家的教材，会以该国官方语言做教学媒介语。但是，在华人占大量比例的国家，如马来西亚、菲律宾、柬埔寨等国，也有很多教材以汉语作为教学媒介语。新加坡华裔人口占 70％，官方语言包括汉语，汉语教材大多数以汉语为媒介语。而中国出版的教材中，则有多种教学媒介语。

上述 13 种官方语言，在全球汉语教材库中，目前没有泰米尔语和德顿语作为教学媒介语的教材，其他 11 种都有。

在 1 727 册/种教材中，使用单媒介语的教材共 923 册/种，占 53.45％。具体分布请看表 2：

表 2　使用单媒介语的教材分布表

语言	泰语	汉语	越南语	英语	其他	合计
数量	364	321	141	77	20	923
比例％	39.44	34.78	15.28	8.34	2.17	100.01

单媒介语前四位是：泰语、汉语、越南语、英语。这说明泰国、越南、新加坡（英、汉都是官方语言）在单媒介语教材出版方面比较突出，汉语教育方面比较发达。

使用两种以上教学媒介语的教材有 804 册/种，占 46.55％，如表 3 所示：

表3 使用两种以上教学媒介语的教材分布表

语言	汉—越	汉—泰	汉—英	汉—印尼	其他	合计
数量	227	222	189	62	104	804
比例%	28.23	27.61	23.51	7.71	12.94	100

排名前四位的是：汉越、汉泰、汉英、汉语印尼语。这说明，泰国、越南、新加坡汉语教育相对发达，印度尼西亚的汉语教学发展得也不错。在马来西亚，华裔的汉语教学大多以母语方式进行，但马来语作为媒介语或者汉—马来语作为媒介语的教材，都非常少见。在菲律宾，英语早已成为一般的教育语言，菲律宾出版的教材，也极少用菲律宾语作为教学媒介语。

从表1、表2、表3的数据可以看出，教材库虽有老挝语、缅甸语、马来语、葡萄牙语作为教学媒介语的汉语教材，但它们都不是老挝、缅甸、文莱、东帝汶本国出版的，而是中国出版的，其中大部分是所谓"一版多本"：母版是英语媒介语，之后翻译成老挝语、缅甸语、马来语、葡萄牙语；教材中对人名、地名等名词只做了很小范围的更换、处理。可以看出，老挝、缅甸、文莱、东帝汶四国的汉语教学还需要大力发展。

二、东南亚对汉语需求的发展变化

近几年，东南亚地区的汉语需求发生了一些变化，这些变化与"一带一路"倡议的提出和实施有着密切关联。

（一）专用汉语需求大幅增加

由于中国与东南亚的经济、文化交往日益密切，对专用汉语的需求也快速增长。不少用人单位甚至提出特定的汉语要求。如菲律宾雅典耀大学孔子学院（跟中山大学合作）的"吴奕辉兄弟基金会——中国奖学金项目"，就是应这种需求而设立的"订单式培养模式"（赵海霞，2011）。

专用汉语分专业汉语和职业汉语两部分。专业汉语方面，用汉语学习相关专业的人数大幅度增加。学习者通常需要学习简单的通用汉语，并学习与相关专业（如经济管理、会计、计算机科学、医学、生命科学、农业科学、历史、哲学、中文等）接轨的专业汉语，之后用汉语学习这些专业，获得学位证书。"一带一路"倡议提出后，东南亚地区不少国家急需掌握汉语的多种专业人才，甚至是使用汉语学习多种专业的人才。中山大学去年与东盟各官方机构直接签约，计划每年招收 200 名本科生，学习医学、管理、经济等专业，获本科学位。汉语达标的直接进入院系，与中国学生一起学习相关专业；汉语未达标的，先以预科身份学习汉语，之后入院系学习相关专业。

职业汉语，也叫行业汉语，主要是学习相关职业/行业的汉语词汇、表达，方便从事相关职业，如贸易、管理、商务、旅游、酒店管理、纺织、新闻、警务等。职业汉语实用性强，学习时间不需要很长，大多没有学位证书。往往是一两门课或系列课程就可以达到某个具体职业的基本交际要求，此后的深入学习可在工作中继续进行。相对来说，职业汉语的学习者更多。

以泰国为例。泰国计划请中国公司开发廊开曼谷准高铁线路，因此需要大批车辆管理维修人才、驾驶员和列车服务员。目前，泰国已经派出几批人员学习汉语，并派人专门到中国学习相关技术（老挝也有类似铁路项目）。除此之外，泰国还有以下汉语教学项目：移民局汉语（朱拉隆功大学开办）、警务汉语（泰国旅游局开办）、法医汉语（警察总署开办）、工业区汉语（海上丝路孔院＋泰中罗勇工业园区联合开办）。而泰国中华总商会的中中学院，更是与泰国开泰银行、泰国税务局、杰特宁医院（专治不孕不育）等机构合作，专门为这些机构进行订单式人才培养。

（二）通用汉语需求快速增长

这种增长在大学当然十分明显，而在中小学幼儿园却更加显著。泰国、越南很早就把汉语教学纳入国民教育体制，使之进入中小学。印尼文化与初等中等教育部于 2006 年公布国家级的汉语教学大纲，从国家层面逐步规范、发展汉语教育。从 2013 年开始，汉语正式作为高中第二外语选修课。

印度尼西亚（下称印尼）中小学分国立、私立两大类，后者多于前者。汉语教学主要在大城市及其周边的国立高中开展，如雅加达周边五个城镇的高中，有 50 多所开设汉语课程。其他城市如万隆、泗水、棉兰和西加里曼丹，也有相当数量的高中开设汉语课。而一些国际学校与国民学校的学生，很多从小学就开设了汉语课，学校规模不同，学生数量大小不一。

如包括中学、小学、幼儿三个阶段教育的三语学校，"它（三语学校——笔者注）是三语兼教的、隶属于印尼国民教育体制的'三语国民学校'。三语学校也是当今印尼华文教育和华文学校的主流和主体"。（陈友明，2014：202）印尼三语学校发展极为迅速，2013 年印尼全国拥有 50 所三语学院（陈友明，2014：202），到 2016 年已增加到 70 所（K. I. Qomah，2016）。

（三）汉语师资需求不断增加

汉语需求快速增加，汉语教师的需求紧跟着快速增加。2013 年，印尼政府决定汉语进入中学课堂，当时的调查显示，中文教师缺口达 3 万人。印尼的亚洲国际友好学院（民办大学，与华南师范大学合作）建于 2008 年，设英文、华文两个本科专业。为满足汉语教师的需求，华文专业加设师范教育课程板块。到 2017 年年底，毕业生有 822 人，包括本土培养 671 人以及与华南师范大学合作的 2+2 学生 151 人。

菲律宾雅典耀大学孔子学院（与中山大学合作）目前也已开设师范专业，培养当地中小学教师。相对来说，新加坡的汉语师范专业、课程比较成熟。越南的汉语教师培养是两条腿走路：中国的内地、台湾地区培养，本土培养。

相对而言，新加坡的汉语教师培养比较到位。如南洋理工大学国立教育学院从 2010 年就开设了华文教师在职进修的"教育硕士课程"，2015 年更是推出全新的"国际汉语教学硕士课程"（Master of Arts—Teaching Chinese as an International Language），全日制学习一年，必修 11 门专业课程。至今已开设 3 期，毕业生达 102 人。

三、东南亚汉语教学的短板

随着东南亚地区汉语教学的快速发展，该地区汉语教学与人才培养上的短板日益显现。

（一）教学计划与课程不健全

第一，课程缺失：1）各类专业汉语课程，如要用汉语学习贸易、金融、会计、经济管理、计算机、生命科学、农业科学等专业的学生，应该在正式进入本科学习前，对相关专业的汉语有一个初步的了解。但是目前缺少此类课程。相对来说，只有"医科汉语"课程还算成熟。2）各类职业汉语课程，如商务、旅游、酒店、警务等。由于职业跟专业要多得多，此类课程缺位更多。3）小学、幼儿园的汉语课程。由于一些国家没有科学的教学大纲，相关课程的开设也是五花八门，各行其是。

第二，课程不健全：1）普通高校和中学的通用汉语课程。2）一些高校设立的师范教育类课程。

（二）教师数量不足

先看大学。根据印尼研究和技术及高等教育部①公布的数据（印尼研究和技术及教育部高校数据中心，2018），印尼现有 21 所普通本科院校、10 所普通专科院校和 1 所医学专科院校开设了中文课程，师资和学生人数统计见表 4：

表 4　印尼开设中文课程高等院校师生情况统计表②

	院校数量（所）	在编教师③	学生人数
普通本科	21	164	3 528
普通专科	10	57	363
医学专科	1	6	11
合计	32	227	3 902

印尼各高校培养出的汉语人才，远远不能满足印尼现有的汉语需求，更不能满足汉语师资的需求。印尼大学师资欠缺，是制约印尼大学汉语教育的主要瓶颈。

再看中小学。根据媒体对印尼三语学校协会④主席陈友明的采访报道，目前印尼全国有 70 所三语学校，中文教师缺口严重。目前中文教师主要以外国教师（含中国志愿者）为主，如果以每所学校缺 10 名计，至少缺 700 名教师（K. I. Qomah，2016）。

---

①　与中国不同，印尼教育主管部门分为两个：文化与初等中等教育部，研究和技术及高等教育部。

②　该表数据为 2016—2017 学年度统计数据。

③　印尼的高等院校分公立与私立，公立院校的教师多为在编教师（终生制），私立大学则为合同制教师，研究和技术及高等教育部只对在编教师进行了统计，非在编（合同制）教师则未做统计。

④　印尼三语学校协会（ASOSIASI SEKOLAH TIGA BAHASA SE–INDONESIA，简称 ASTIBI）是印度尼西亚合法注册的非营利性组织，是印尼各地三语学校的全国性组织，该协会成立于 2012 年。

（三）现有教师很多不能胜任

印尼大学文化学院华语教授苏塔米博士（H. Sutami，2007：228－229）认为，当前印尼汉语教师有相当一部分不符合要求。分以下两种情况：1）上年纪的华人。华语受福建话、客家话、潮州话的影响，印尼语受爪哇语、巽他语的影响。印尼语水平仅能应付日常生活，不足以担当老师。2）在中国读过小学或者初高中的华人，印尼语水平最多达到高中水平，也不符合教师标准。上述两类人大都没有受过系统的师范训练，这一点也不符要求。

（四）汉语师资培养机制不健全

中国国内的"汉语国际教育"本科、硕士培养，大多面向全球，面向成人。对于如何满足东南亚汉语教学的具体需求，尤其是少儿学习者考虑不足，缺少设计。有一门硕士课程"国外中小学教学"，但既没有明确的、有特色的教学大纲，也没有规范教材。

目前，暨南大学华文学院开设有"华文教育"本科，致力于培养幼师。学生来源基本上都是东南亚国家，但此类面向国外尤其是东南亚地区的汉语师资培养专业、课程毕竟数量太少。

在东南亚，面向整个地区或其中特定国家的教师培养，目前很不成熟。首先是师范专业少，不能满足当地需求。其次是虽有师资培养专业，但整体设计不够科学。有的照搬一般师资培养课程，照搬一般外语师资培养课程，或照搬中国的汉语师资培养模式，培养效果不能令人满意。

四、东南亚汉语教材现状考察

随着"一带一路"倡议的提出和实施，东南亚汉语需求不断增长，汉语教材的问题日益凸显。缺少适应新形势发展的汉语教材，是东南亚汉语教学的最大短板。为了讨论方便，我们单独进行讨论。

（一）师资教材

中山大学国际汉语教材研发与培训基地建设的全球汉语教材库（www.ctmlib.com），收录了适用于东南亚的汉语教材1 727册/种。我们来看整体教材类型情况。

表5　东南亚汉语教材类型分布情况

教材类型	课堂教学教材	读物	自学和手册	工具书	考试辅导教材	师资培训教材	教学大纲	合计
数量	1 240	103	249	84	23	20	8	1 727
比率%	71.80	5.97	14.42	4.86	1.33	1.16	0.46	100

显而易见，汉语师资培训教材数量极少，仅占 1.16%。

（二）中小幼教材

我们来看汉语教材库里中小学教材比例，明确标注使用对象的教材有 1 065 册/种，如表6所示：

表6　各阶段教材分布表

	幼儿园	小学	中学	大学	跨类	合计
数量	50	217	204	133	461	1 065
比例%	4.69	20.38	19.15	12.49	43.29	100

由表6可知，目前东南亚的教材情况显然不能满足中小学和幼儿园阶段学习者大量增加的需求。而跨类教材是指所谓"大学高中适用""中小学适用""小学幼儿园适用"，这种跨类其实是不科学的、不准确的。而此类教材数量最多，是阻碍教材研发和人才培养的障碍。

苏塔米博士（2007）指出，印尼中小学的教材普遍不符合要求。首先，大多数教材来自国外（中国、新加坡），缺少适合本国使用的教材。其次，大多教材不符合教学对象的层次，有些中小学的教材是面对成人培训的。

刘美丽系统考察了印尼高中使用比较广泛的 8 套教材：《汉语教程》(2012)、《华语》(2006)、《跟我学汉语（印尼版）》(2010)、《华语入门》(2005)、《高级汉语》(2013)、《初级华语》(2005)、《基础华语》(2005)、《汉语很容易》(2010、2012)。其中专门针对印尼高中生的教材仅有 3 套：《华语》《高级汉语》《汉语很容易》；另外 5 套教材中，《华语入门》是成人培训教材，其余 4 套为跨类教材（刘美丽，2017：3）。可以看出，适合印尼高中的华语教材并不多，亟待投入研发。

（三）专用汉语教材

在 1 240 册/种课堂教材里，专用汉语教材 68 册/种，占 5.48%，分商务、旅游、医学、新闻、工艺、警务、学术共七类，如表 7 所示：

表 7　东南亚商务汉语教材分布情况

分类	种	比率%	举例	出版地/时间	媒介语	简介
商务	18	43.90	《汉越贸易会话教程》（Giáo Trinh Dàm Thoi Thng Mi Hoa Vit）	越南 2007	汉语、越南语	满足中越商务交往需求。共 15 单元，分为 5 部分：会话、书信练习、新闻、词汇、相关练习。
旅游	13	31.71	《汉越旅游会话》（Hi thoi du lch Trung－Vit）	越南 2006	汉语；越南语	日常用语＋火速口语：旅途、出入境、用餐、住宿、电话用语、观光购物、邮局、银行、医院。
新闻	3	7.32	《报纸要你好看！——读报教育教学手册》	新加坡 2009	汉语	无
工艺	3	7.32	《纺织汉语》（ting hoa chuyên ngành dt vàmay mc）	越南 2014	汉语、越南语	纺织行业词汇及常用句型，满足在纺织行业工作的需求。
医学	2	4.88	《中药精识：祛风消肿》（Essential Chinese Medicine：Relieving Wind）	新加坡 2008	英语、汉语	介绍 49 种药物的药用作用、识别、购买和储存，包括各种食谱。
警务	1	2.44	《警务中泰英三语教程》	云南大学出版社 2008	汉语、英语、泰语	常用警务词汇、习惯用语和表达，警务及法律常识，公共安全，失物招领，交通管理等。
学术	1	2.44	《中学华文·快捷课程普通（学术）》（Chinese Language for Secondary School Normal（Academic）Course Textbook）	教育出版社，2005	汉语	
合计	41	100				

五、东南亚汉语教材研发方略

（一）用户调研

应从宏观、微观两个层面进行细致的需求调研。宏观层面，整体了解东南亚地区缺少哪几类教材。微观层面，要定位精准，明确具体教材的具体需求。如职业汉语教材，应该向不同的行业、职业进行细致调研，才有可能进行需求精准的教材编写。如目前在东南亚多国已有的工业园区汉语、铁路汉语、医疗卫生汉语等课程，都需要细致的定位和教材研发。

（二）系统构建

根据上一节所述的情况，对少儿教材、专用教材、师资教材进行系统建设。在系统建构时，应注意调研清晰，需求明确，编写大纲细致到位，各类指标（语言要素、交际技能、练习活动和多模态设计等）均衡。

此外，应重视教材的本土化开发，具体考察本土化方式和具体实施（周小兵，2014）。正如印尼苏塔米博士（2007）所说，照搬中国或其他国家的教材，会影响教学质量。

（三）多角度合作

首先是跨国合作。好的教材应该既有目标语母语国专家的参与，又有学习者所在国专家、骨干教师的参与。只有这样，才有可能编写出具有本土性、适合当地人学习的汉语教材。跨国合作也不排除与目标语母语国以外的国家的合作。如新加坡的汉语教材，包括少儿教材、专用教材、师资教材，在马来语地区具有一定的先进性，马来西亚、印尼不但可以学习，还可以与新加坡的相关专家合作。

其次是跨界合作。如少儿教材需要少儿教育专家和语言教育专家合作，专业汉语教材需要相关学科专家和汉语教育专家合作，行业汉语教材需要相关行业专家和汉语教育专家合作，师范教育教材需要教育专家和汉语专家合作。以往有些教材不太适用，就是因为缺少跨界合作。

参考文献：

[1] 中山大学国际汉语教材研发与培训基地. 全球汉语教材库［Z］. 网址：http：// www. ctmlib. com. 2017

[2] 赵海霞. 菲律宾"吴奕辉兄弟基金会——中国奖学金项目（第二届）"调查报告 ［C］. 周小兵主编. 中山大学汉语国际教育三十年硕士学位论文选，广州：中山大学出版社，2011.

[3] 陈友明. 印尼三语学校华文教学考察探析［J］汉语国际传播研究，2014（2）： 200—212，220.

[4] K. I. Qomah. *Indonesia Masih Kekurangan Guru Bahasa Mandarin Lokal* ［N］. Harian Jogja（《日惹日报》），版次：2016—10—13，网址：http：//m. harianjogja. com/baca/2016/10/13/tionghoa－jogja－indonesia－masih－kekurangan－guru－bahasa—mandarin—lokal—760288，2018—1—1.

[5] 印尼研究和技术及教育部高校数据中心［Z］. https：//forlap. ristekdikti. go. id/，2018—1—1.

[6] H. Sutami. *Kekhasan Pengajaran Bahasa Mandarin di Indonesia* ［J］. *Wacana*，2007，9（2）：222—237.

[7] 刘美丽. 印尼高中华语教材研究——以 8 套教材为例［D］. 广州：中山大学，2017.

[8] 周小兵，陈楠，梁珊珊. 汉语教材本土化方式和分级研究［J］. 华南师范大学学报，2014（5）：73—77.

作者简介：

　　周小兵，中山大学中文系教授，博士生导师，主要从事语言学及应用语言学、汉语言文字学研究。

　　刘美丽，印度尼西亚人，中山大学中文系博士生，广东嘉应学院科研处科员，主要从事语言学及应用语言学研究。

对外汉语

通过固定语强化地域性汉语
教学的教学设想

程 文

四川大学海外教育学院

摘　要：本文旨在强调地域化汉语教学的重要性，并探寻相关的教学新路
径。有别于常见的地域化文本阅读方法和固定语习得方法，笔者旨
在结合固定语与地域文化，选取凸显地方特色的固定语作为地域性
汉语教学的切入点，以期以更简捷、生动、有趣的方式使学习者感
知地方文化特色，从而达到增强学习效果的目的。

关键词：固定语；地域性汉语教学；教学设想

Instructional Ideas on Enhancing
Localized Chinese Teaching by Fixed Expressions

Cheng Wen

School of Overseas Education，Sichuan University

Abstract：This paper emphasizes the importance of localized Chinese
teaching and explores relevant new teaching paths. Different from
the common localized text reading method and fixed expressions
acquisition method, this paper aims to combine fixed language
and regional culture, by choosing those highly localized fixed
expressions as the starting points of localized Chinese teaching, in
order to help learners understand local cultural characteristics in a
more simple, lively, and interesting way, with the intent to

enhance learning effect.

Key words：Fixed-expressions；localized-Chinese-teaching；instructional ideas

一、研究缘起

本研究的缘起是笔者发现，不少在成都学习了两三年的留学生，对"蜀犬吠日"的含义、眉山"三苏祠"是为了纪念谁等问题大多一无所知。语言是文化的载体，外语教学的最终目的是进行跨文化交际，而成功的跨文化交际的最直接体现就是一个异域人士能深入了解某个特定地域的文化，并能与当地人进行深入的交流。出现这样的交流障碍，不能不说是一种缺憾。

语言教学要体现文化特性早已是共识，而在展示特定国家普遍文化之外强调文化的地域性，也越来越受到学界的关注。关于强调汉语教学地域性的论文，较早有《汉语的地域差异与对外汉语教学》（张德鑫，1988）等，近年有代表性的论文有《汉语国际推广的地域性研究》（沈荃，2009）、《区域化汉语教学与语言类型学研究》（魏红，2012）等。上述三篇论文从总体上强调了地域性汉语教学的必要性与意义，此外还有不少论文具体谈及不同地域汉语教学的内容与特色。从笔者所在的四川来看，在对外汉语教学中需强化地域性的观念已在不少方面得到体现，如王文虎很早就强调开设体现四川地方特色的课程，并主编、试用过一本介绍巴蜀文化的教材（王文虎，1998），也有教师编写了基于纪录片《天府的记忆》的高级汉语视听教材，并强调四川对外汉语教学的地域文化优势（郭宏，2016），还有教师编写了全面介绍成都各方面特色的《走进成都》语言实践教材。这些体现地域特色的教材都是很有意义的尝试，既可使学生提高汉语水平，又能帮助他们全面了解当地文化特色。不过，此类学习语料大多是篇幅较长、有较多生僻词的叙述文本，学生容易产生畏难情绪，较难在短时间内感受到地域文化的魅力。而笔者在教学中发现，不少学生对汉语成语与俗语有着浓厚的兴趣，因此，笔者萌生了通过学习与四川有关的固定语（包括成语、俗语等熟语和术语、诗句等），使汉语学习者快速感知四川文化特色的想法。以下，笔者将尝试梳理出相关固定语，并探讨相关教学策略。

二、研究内容

笔者所称的固定语主要指熟语、特定领域的术语以及一些著名诗句等固定表达。汉语熟语作为常用的固定短语，包括成语、俗语、惯用语、谚语、歇后语以及警句、格言等，是汉语表达的浓缩与结晶。在熟语中，书面化的成语是雅文化的体现，各种俗语则是俗文化的显现。熟语结构稳固、形式简练、朗朗上口，语义表达言简意赅，因此在日常生活中使用频率颇高。在对外汉语教学领域，熟语中关于典雅的成语教学的研究已相当成熟，亦有不少学者强调熟语教学的重要性（赵清永，2007），并编写出熟语教学的专著与教材（崔希亮，1996；沈建华，2003）；而将熟语与地域文化特色相联系的尝试则几乎没有。笔者认为，四川多方面的文化在熟语以及一些文化意蕴浓厚的术语及著名诗句中有丰富而鲜明的表现。这些固定表达中，常用语的数量不是很多，正是可以使汉语学习者形象地了解四川地域文化的捷径。

为了选出体现四川文化、适合汉语学习者学习的固定语，笔者首先查阅了数本关于四川的熟语选本，如《蜀籁》《四川成语谚语歇后语韵本》等。笔者发现，这些选本所选词语都较为老旧与芜杂，且方言俚语较多，能体现雅文化并兼具四川特色的成语则几乎没有。因此，笔者拟根据平时知识积累，从四川的历史沿革、地理山川、气候节气、经济发展、生活方式、名人故事等诸多方面，提取最能体现四川地域文化特色、各种语言风格兼具的固定语。大致模块及固定语举例如表1所示：

表1　体现四川地域文化特色的固定语

内容模块	固定语举例
四川的地理	蜀道难难于上青天
四川的远古传说	子规啼血　五丁开山　金牛开道
四川的历史事件	江口沉银　石牛对石鼓，金银万万五
四川的人口	湖广填四川
四川的气候	蜀犬吠日
四川的农业	天府之国
四川的经济	茶马古道　扬一益二

续表1

内容模块	固定语举例
四川人的生活	蜀锦吴绫　一菜一格　百菜百味　民风重安逸　少不入川
四川的民间信仰	道法自然　顺其自然
四川的民族	藏彝走廊
四川的方言	安逸得很　巴适得板
四川的历史名人①	大禹治水　子虚乌有　鞠躬尽瘁　行云流水　胸有成竹　雪泥鸿爪
四川的名胜古迹之都江堰	深淘滩，低作堰
四川的名胜古迹之青城山、峨眉山	青城天下幽，峨眉天下秀
四川的名胜古迹之剑门关	一夫当关，万夫莫开
四川的名胜古迹之乐山大佛	佛是一座山，山是一尊佛

表1只是四川地域文化模块及相关固定语的举例说明，可以说是一个灵活、开放的体系，在具体教学活动中，相关的固定语可不断丰富、完善，并可结合学生的学习兴趣与目的，以典型性、多样性、实用性、趣味性为原则，遴选出最适合留学生学习的与四川文化有关的固定语。

三、教学设想

通过学习固定语快速感知四川文化特色的教学设想有如下几种：第一，编写有关四川的固定语袖珍书，以方便学生携带与学习；第二，编写教材，在各种相关课型的课堂教学中使用；第三，为学生的各种文化体验活动提供文本支撑，使参加活动的学习者能在活动前、活动中、活动后得到更好的文化指引。

资料的编写方法应根据内容的不同而灵活处理。简单地说，如果编写固定语袖珍书，重点就在于便于查阅与记忆，可在词条后附上简单的文字说明，并配以醒目的图片增强可读性。如果是作为教材的四川文化固定语选

① 2017年7月，实施四川历史名人文化传承创新工程领导小组召开第一次会议，最终确定大禹、李冰、落下闳、扬雄、诸葛亮、武则天、李白、杜甫、苏轼、杨慎为首批十位四川历史名人。当然，教学选择范围不限于此。

本，则可更多从以下四个方面着力：

（1）适时说明来自古代典籍的固定语的出处，并进行文言文与现代汉语的对比展示，强调汉语独特的历史演进。展示每个构词语素的意义及语素之间的意义联系，以使学生更好地体会汉语表达特点。

（2）对每条固定语的内涵进行简要说明，展示其产生的背景与现实意义。注重古今对比，并结合现状，展示四川在当代的迅猛发展。

（3）对固定语的句法功能和语用功能给予清楚的说明。比如，很多学生在学成语时，即使明白了所学成语的意思，也会常常用错。所以，教师应提供足够多的例句、语段，通过使用范例的展示，帮助学生理解固定语的使用条件。

（4）设计足够多的练习，并适当设置跨区域、跨文化的交际情景，引导学习者熟练掌握固定语的使用，并进行有关地域文化比较的深入思考。

另外，留学生一般都会参加学校组织的语言实践活动，参观一些重要的文化场所，如果学生对即将参观的地方没有事先进行了解，参观时就不可能有深入的感受。而如果活动的组织者能事先准备好资料，给参观者发放与参观地有关的熟语、诗句及其说明，向参观者简要介绍相关的文化背景，参观者一定能在参观前更有所期待、在参观中更深入地感受、在参观后进行更深入的思考。

总之，外语教学的核心是实用性，越实用的教学内容，越能激发学生的学习兴趣。基于笔者的教学经验与感受，留学生非常期待能学到体现地域性的语言文化知识，以便更好地了解所在地的文化，他们对生动形象的成语、俗语、著名诗句等固定语也有着浓厚的学习兴趣。教师应将学生的这两种兴趣结合起来，遴选出具有代表性的地域文化固定语，发挥其口语性与广泛使用的优势，这样既能使留学生快速感悟四川文化特点，提升他们的古代汉语、现代汉语水平和对四川文化的了解程度，也能使他们更快地适应当地文化、更好地与当地人交流。

参考文献：

[1] 崔希亮. 汉语熟语与中国人文世界 ［M］. 北京：北京语言文化大学出版社，1997.

[2] 郭宏. 四川省对外汉语教学的地域文化优势及运用 ［M］//对外汉语教学论丛（第三辑）. 成都：四川大学出版社，2016.

[3] 沈荭. 汉语国际推广的地域化研究 ［J］. 重庆大学学报，2009（2）.

［4］沈建华. 汉语口语习惯用语教程［M］. 北京：北京语言文化大学出版社，2003.

［5］王文虎. 外国留学生本科汉语专业设置方案的构想［M］//对外汉语教学论丛（第一辑）. 成都：四川大学出版社，1998.

［6］魏红. 区域化汉语教学与语言类型研究［J］. 云南民族大学学报，2012（3）.

［7］张德鑫. 汉语的地域差异与对外汉语教学［J］. 世界汉语教学，1988（2）.

［8］赵清永. 谈谈对外汉语教学中的熟语教学［J］. 语言文字应用，2007（4）.

作者简介：

　　程文，四川大学海外教育学院副教授，主要研究方向为对外汉语教学法。

留学生古代汉语词汇教学中的语境化策略*

邓 波

四川大学海外教育学院

摘 要：语境包括语篇内部语境、情景语境和文化语境等不同类型。语境化策略是指通过各种语境线索，使语言使用者逐步完成语境的构建，激活正确的语义框架的过程。在对留学生的古代汉语教学中，虽然缺乏真实的外部语境，教师仍然可以利用一系列语境线索，有效地实现语境化词汇教学，提高学习者的古汉语词汇学习质量。

关键词：古代汉语；词汇教学；语境；语境化；语境线索

Contextualization Strategy in Teaching Ancient Chinese Vocabulary to Foreign Students

Deng Bo

School of Overseas Education，Sichuan University

Abstract：Context includes different types，such as internal contexts，situational context and cultural context. The term *contextualization strategy* refers to the process of language users gradually completing the construction of context and activating the correct semantic framework through various contextual clues. In the course of ancient Chinese teaching for foreign students，teachers can use contextual clues to teach vocabulary effectively and to improve the quality of learners'

＊ 本文获四川大学海外教育学院中央高校基本科研项目"留学生古代汉语教学中的语境化策略"（项目编号：2018soe−03）资助，谨致谢忱。

ancient Chinese vocabulary learning without real external context.

Key words：ancient Chinese；vocabulary teaching；context；contextualization；contextual clues

在针对留学生的古代汉语教学中，国内高校目前一般采用以"文选"阅读为主，以"通论"（包括常用虚词、文言语法等）为辅的方式。学生阅读的文选文本只有上下文语境，缺乏外部语境和文化语境，这常常会造成学生理解上的困难。本文旨在讨论语境化教学在留学生古代汉语教学中的作用，以及如何通过语境化策略帮助学生学习古代汉语。本文拟从以下四个方面展开讨论。

一、语境的类型和语境化

在语言学界，语境、语境化的概念向来由于研究方法、研究角度的不同而有不同的界定。人类学家马林诺夫斯基（Malinowski，1923）把语境分为情景语境和文化语境，语言学家弗斯（Firth，1957）把语境分为语内语境和语外语境，系统功能语言学家韩礼德（Halliday & Hasan，1989）把语境看作跟语篇有关的情景因素，把这种情景因素分为话语范围（Field）、话语基调（Tenor）和话语方式（Mode）。话语范围指语言发生的环境，包括谈话话题、讲话者及其他参与者参加的整个活动；话语基调指参与者之间的关系，包括参与者的社会地位以及他们之间的角色关系；话语方式指语言交际的渠道或媒介，如说还是写，是即兴发挥还是有所准备，另外还包括修辞方式。以上三个因素中的任何一项发生改变，都会引起交流意义的改变，从而产生不同类型的语境。我国语言学家胡壮麟（1994）在韩礼德的框架模式上又把语境分为三类：（1）语言语境，即上下文（context），指语篇内部环境；（2）情景语境（situational context），指语篇产生时的环境，事件的特征、性质和谈话的主题、时间、地点、方式等；（3）文化语境（cultural context），指作者所在的语言社会团体的历史文化和风俗人情。

在面向留学生的古代汉语教学中，为了便于引导学生理解语篇内容，我们所说的语境一般既包括上下文语境，也包括情景语境和文化语境。认知心理学的研究表明，语境对阅读水平差的读者帮助较大，因为语境的作用相当于高水平的信息加工，在阅读过程中，高水平的句法、语义加工与低水平的编码加工同时进行。不管激活来自高水平还是低水平的加工，只要单词的激活水平超过了阈限，就会产生词汇通达。对于阅读水平差的读者来说，编码和词汇通达速度较慢，使得高水平的加工对单词识别速度的影响较大，而阅读水平好的读者，字词编码和词汇通达加工速度很快，高水平加工的影响也就较小。[①] 刚接触古代汉语的留学生古文阅读能力都比较弱，因此在教学中引导他们树立语境意识非常必要。

所谓"语境化"（contextualization），根据美国语言学家甘柏兹（Gumperz & Cook-Gumperz，1976）的观点，是指交际双方在交际过程中共同构建语境的过程，也就是使各种语境线索（clue）与参与者的背景知识相联系的一系列步骤。英国语言学家莱昂斯（J. Lyons，1995）认为："既可以将它（笔者注：语境化）看作是讲母语的人说出符合语境的连贯话语的过程，又可以将它看作是语言学家描述特定语言的过程。"可以充当语境线索的相关因素很多，诸如交际场合、交际参与者、交际类型、交际方式、交际主题等（《剑桥语言百科全书》，1995：73）。利用语境线索识别词汇语义的过程，也就是语境化的过程。本文所说的"语境化教学"（contextualized Instruction），是指在古代汉语词汇教学过程中，指导学习者在语境线索的提示下构建语境，在语境中理解语篇内容、了解词汇含义、掌握词汇使用规则的教学方法。

二、针对留学生的古代汉语词汇教学中的上下文语境线索

训诂学中探求词语意义的方法，除了声训、形训和义训以外，还有一种叫"观境为训"，或称"据境索义"（陈绂，2005），指根据词语所处的语言环境推求词语的准确解释。考前贤论述可知，词语所处的上下文语言环境中，可以作为语境线索推求词义的有互文、邻词和更为宽泛的上下文。

（一）互文作为语境线索

"互文"是一个训诂术语，也叫"互辞""互言"，指文言文中前后词语参互见义，或者为了避免重复，用同义词互相替换，也称为"互文见义"或

---

① 彭聃龄、张必隐：《认知心理学》，杭州：浙江教育出版社，2004 年，第 527-528 页。

"互文备义"。例如：

例（1）《诗大序》："动天地，感鬼神。"

《毛诗正义》云："天地言动，鬼神言感，互言耳。"

例（2）映阶碧草自春色，隔叶黄鹂空好音。（杜甫《蜀相》）

"自"和"空"互文见义。

例（3）山重水复疑无路，柳暗花明又一村。（陆游《游山西村》）

"重"和"复"互文见义，都是"尽头"的意思。

例（4）焚我郊保，冯陵我城郭。（《左传·襄公八年》）

王引之引王念孙说认为："'郊保'与'城郭'相对为文，'保'谓小城也。'保'与'城'同类，故言'焚'。"①

从句式结构上看，互文见义的语句一般结构相同或相似，字数大体相同。对应的位置上的词常常同义互训，或上下文语义互相呼应、补充。留学生应了解古代汉语这一规律，并在教学中加以操练，以提高对文本的理解能力。如教材中这一句：

例（5）臣窃计，君宫中积珍宝，狗马实外厩，美人充下陈。（《冯谖客孟尝君》）

从句式特点上来看，"狗马实外厩"与"美人充下陈"的句子成分是一一对应的，"实"与"充"相对为文，语义相类。查《说文解字》对"实"的解释："实，从宀贯。会意。神质切。十二部。贯为货物。以货物充于屋下是为实。"又《小尔雅》："实，满也，塞也。"《说文解字段注》引《广韵》："充，美也，塞也，行也，满也。"又《小尔雅》："充，塞也。"又《广雅》："充，满也。"可见，"实"和"充"都有"满""塞"的意思。学生只要知道"充"在此处是"充满"之意，就能大致推断出"实"的语义。又如《答司马谏议书》中"辟邪说，难壬人"，两个动宾结构短语，其中"辟"和"难"相对，都是"批驳、驳斥"之意，"邪说"和"壬人"相对，一为"错误的言论"，一为"阿谀谄媚的人"，其意互相呼应、互相补充。

---

① ［清］王引之：《经义述闻》，南京：江苏古籍出版社，2000年，第432页。

（二）邻词搭配作为语境线索

古代汉语虚词的多义现象非常普遍，如果脱离了具体语句及语境，往往很难确定这些词的词义。特别是对于留学生来说，同一个汉字字形，却常常表示好几个词（语义），要确定在某个特定句子里某个汉字表示哪个词（语义），的确非常困难。这时，就需要根据上下文的提示来确定多义词的具体意义。"上下文"（context）一词最早用来指一个语言单位前后的词句，即通过词、短语、语段的前后关系帮助确定其语义。左右邻词对词义的影响是最常见的一种现象，它对确定词的意义及翻译选词有决定性作用。比如，古代汉语常用虚词"之"，在北京语言大学出版社出版、徐宗才等主编的《古代汉语（上册）》里列出了"之"的三种词性，六种用法。对留学生来说，要确定某个句子里的"之"的用法是一个很大的挑战，但如果在"之"的前后找到相应的语境线索，通常就能比较容易正确判断其语义。比如：

例（6）至之市而忘操之。（《郑人买履》）

例（6）中出现了两个"之"。学生在学习本课生词表的时候，看到"之"有"它""去，到……去""取消句子独立性""的"等不同意义和用法，但是具体到这个句子他们应该如何确定这两个"之"的语义呢？我们可以教学生分析"之"的上下文，如果"之"的后面是一个地点名词，则"之"是动词，表示"去，到……去"；如果"之"的前面是一个动词，则"之"是代词，至于具体指代对象，需要再看上下文。从例（6）可知，我们只要能在"之"的前后找到特定的语境线索（后接地点名词或前有动词），就可以较为准确地判断"之"的语义。"之"的其他几种用法，也都可以通过对其上下文做这样的语境线索分析来确定。这个方法对帮助留学生确定"之"在句子中的语义具有很强的操作性。如表1所示：

表1　"之"语境线索分析

"之"的语境线索	"之"的词性	"之"的语义	例句
V＋之	"之"作人称代词	翻译为"你（们）/我（们）/他（们）/它（们）"	反归取之
之＋N	"之"作指示代词	翻译为"这（些）/那（些）"	之二虫，又何知？

"之"的语境线索	"之"的词性	"之"的语义	例句
NP/VP+之+N	"之"作结构助词	翻译为"的"	以子之矛，陷子之盾
Subject + 之 +Predicate	"之"作助词，取消句子独立性	不翻译	吾盾之坚，物莫能陷也
之+Place	"之"作动词	翻译为"去/到"	吾欲之南海，何如？

表1列出了教材中"之"最常用的几种分布和语义，根据其前后的语境线索，可以较为准确地判断"之"的用法。

（三）更为宽泛的上下文作为语境线索

有时候词的语境线索不仅是上下文中的一个词，也可能是词组或句子。如"而"，教材中提到，它有做代词和连词的用法，做连词有四种情况，其中表示顺接时还可分两种情况。我们需要根据其连接的前后两个部分之间的语义关系，才能判断其表示转折还是顺承。又如"乃"，根据上下文语境，才能确定其语义是相当于现代汉语的"才"还是"就"。比如：

例（7）已得履，乃曰："吾忘持度。"（《郑人买履》）

例（8）杀臣，宋莫能守，乃可攻也。（《墨子·公输》）

例（7）中的"乃"是"才"的意思，例（8）中的"乃"是"就"的意思。实际上在现代汉语中，"才"和"就"语义差别是很大的，但古代汉语只用一个汉字"乃"就代表了这两个意思。没有任何形式上的标志可以帮助我们判断某个句子中的"乃"应该翻译成"才"还是"就"，只能根据上下文语境的语义来推理。

三、古代汉语词汇教学中的情景语境线索

在古代汉语词汇教学中，凸显情景语境线索，可以在学习者头脑中激活词语与特定语境对应的语义框架，进而使其进行正确的语义推理。菲尔墨（Charles Fillmore，1977）指出，框架为人们理解动词的语义提供了必要的背景知识和理据。语言理解就是将语言传递的内容与已知框架进行匹配的过程。许多语义相近的词语分别适用于不同的语义框架，通常与同一框架内的词语进行搭配才能保证语义的一致性。我们认为，交际参与者是情景语境的

重要构成因素之一，也是构成不同语义框架的重要因素。交际参与者的身份不同，构成的语义框架也不同。古代汉语中，交际参与者双方社会关系的上下尊卑，常常反映在词语上。如古汉语中的"奉"和"赐"，都有"赠送、给予"的意思：

例（9）即遣弟右贤王舆奉马牛随将帅入谢。（《资治通鉴·汉纪二十九》）

例（10）汉王赐良金百镒，珠五斗。（《史记·留侯世家》）

例（9）和例（10）的谓语"奉"和"赐"不能交换，因为这两个谓语适用的语义框架不同，"奉"用于"下级对上级"的框架，而"赐"用于"上级对下级"的框架，交换后句中的主语无法与之搭配。

再以"曰—对曰"为例，这两个词的概念义基本相同，但是由于交际参与者社会地位不同，构成了不同的语义框架。《论语》中，地位较高者回答地位较低者，或地位相当者相互问答的，用"曰"的句子占大多数，地位较低者回答地位较高者则大多数用"对曰"。[①] 比如：

例（11）季康子问政于孔子。孔子对曰："政者，正也。子帅以正，孰敢不正？"（《论语·颜渊》）

例（12）子张问政。子曰："居之无倦，行之以忠。"（《论语·颜渊》）

以上两例中，同样是"问政"，社会地位高于孔子的季康子问孔子，孔子回答时用的是"对曰"，而孔子回答学生子张时用的是"曰"。这样，"对曰"就可以成为一个可辨识的语境线索，显示出对话参与者的身份关系。"对曰"这样的词隐含了交际者信息，或者说对交际者身份有强制性规定，使语言接收者只能在"下级对上级"的语义框架内解读。

类似的例子还有"赐—赠—献"这一组近义词。这三个词的概念义基本相同，区别在于交际双方社会地位的不同。"赐"的动作发出者社会地位高于接受者，"献"刚好相反，而"赠"则用于社会地位相当的交际双方。

例（13）君赐食，必正席先尝之。君赐腥，必熟而荐之。君赐生，必畜之。（《论语·乡党》）

---

① 杨伯峻《论语译注》（1980：20）说："《论语》的行文体例，臣下对君上的询问一定用'对曰'。"另据王涛的硕士论文《〈论语〉话语的语用分析》（2011：13—14）统计，《论语》中用"曰"的句子有72.73%是对话双方上对下、尊对卑或地位相若，用"对曰"的有75.26%属于下对上或卑对尊。

例（14）谨使臣良奉白璧一双，再拜献大王足下。（《史记·项羽本纪》）

例（15）我送舅氏，悠悠我思。何以赠之？琼瑰玉佩。（《诗经·秦风·渭阳》）

例（13）中"赐"的动作行为发出者是君，接受者社会地位相对较低。《说文》："赐，予也。"《正字通》："上予下曰赐。"《礼记·曲礼》："长者赐，少者、贱者不敢辞。"

例（14）中张良作为臣下对项王说话，所以用"献"。《说文》段注："献，本祭祀奉犬牲之称。引伸之为凡荐进之称。"即下对上、卑对尊的进献。《广雅》："献，进也。"

例（15）中外甥送给舅舅用"赠"，《说文》段注："玩好相送也。赠、送叠韵。《秦风·渭阳》、《大雅·韩奕》皆云'何以赠之'。毛传、郑笺皆云：'赠，送也。'……今人以物赠人曰送。送亦古语也。"可见一般送东西给别人用"赠"或"送"。

"赐""赠""献"分别出现在交际双方身份有别的语境中，对应不同的语义框架。当留学生意识到这样的语境线索的意义时，就能在大脑中激活相应的语义框架，得出正确的推理。

四、古代汉语词汇教学中的文化语境线索

文化语境指语言使用者所处的特定时代、社会背景、历史传统及特殊的思维和行为方式、价值观念、社会心理等。文化语境具有动态性的特点，不同民族、不同时代都有反映特定文化的词汇。反过来说，脱离了特定的文化背景，对某些词语的理解就会比较困难。下面以饮食文化的词汇（屠苏、斋戒）为例，分析文化语境线索在古代汉语词汇教学中的作用。

王安石《元日》诗云："爆竹声中一岁除，春风送暖入屠苏。千门万户曈曈日，总把新桃换旧符。"其中"春风送暖入屠苏"一句，一般解释为"人们迎着和煦的春风，开怀畅饮屠苏酒"。中国人过年喝屠苏酒的风俗已经消失，人们只在书本上见到记载，对于其文化含义不甚明了，教材中注释也只是说喝屠苏酒是旧时人们迎新年的一种习俗，象征着辞旧迎新、吉祥如意等。但屠苏酒在古代的文化语境中其实有着特殊的文化内涵，以下试从两方面说明之。

从饮屠苏酒的起源看，根据史书中关于瘟疫流行的记载，此风俗的出现

与我国东汉末年至魏晋时期爆发的大规模疾疫流行有直接关系，屠苏酒最初是为防治疾病而制作和推广开来的。[①] 据李传军、金霞（2010）、张剑光、邹国慰（1999）、田艳霞（2007）等考证，东汉末年至魏晋时期，是我国历史上疾疫发生最频繁、影响最严重的时期之一，而且这一时期疫情最严重、危害最大的瘟疫，至少半数以上发生在冬春季节。医家宣传屠苏酒令人不染瘟病及伤寒，并且有"一人饮，一家无疫；一家饮，一里无疫……能仍岁饮，可世无病"的神奇功效[②]，所以屠苏酒在疾疫最为频发的冬春之际得到了最广泛的应用，遂逐渐与象征一元复始、万象更新的元日祈福禳灾民俗活动结合起来，形成元日饮屠苏的风俗。了解这一背景，当更能体会在那个医疗、卫生条件不发达的时代，人们于元日全家一起喝屠苏酒以保身体健康，祈求平安的迫切心理、实用心理。

除了祈祷病魔远离这个主题，喝屠苏酒还有另外一层重要的文化含义，那就是庆祝年少者成长，而对老人来说，则意味着光阴流逝，有日薄西山、来日无多之感。中国历来以老为尊，很多礼节都是以年老者优先，而喝屠苏酒却是个少有的例外，须按由少及长的顺序饮用。因为对年少者来说，辞旧迎新即增加一岁（得岁）；老人辞旧迎新，每大一岁，即少一年日子（失岁），故先贺少者，按年龄长幼，年岁越大，越后饮。[③] 年少者喝屠苏酒固然欢欣鼓舞，而老者举起酒杯，就有另一番感受。有惆怅的，比如唐代诗人裴夷直在《岁日先把屠苏酒戏唐仁烈》中云："自知年纪偏应少，先把屠苏不让春。倘更数年逢此日，还应惆怅羡他人。"有乐观的，如苏东坡在《除夜野宿常州城外》中云："但把长愁博长健，不辞最后饮屠苏。"有感叹流光易逝、不知不觉中老之将至的，如苏辙《除日》诗云："年年最后饮屠苏，不觉年来七十余。"随着时代变迁，对于正月初一饮屠苏酒的两大文化含义，今天的人们都已较为生疏，所以在阅读王安石《元日》等相关作品的时候，

---

① 东晋·葛洪《肘后备急方·小品正朝屠苏酒法》："屠苏，饮之于东向，药置酒中，能迎岁，可世无此病……此华佗法，武帝有验中。从小至大，少随所堪，一人饮一家无患。"唐·孙思邈《备急千金要方·辟温》："屠苏酒，辟疫气，令人不染温病及伤寒……正月朔旦平晓出药，置酒中，煎数沸。于东向户中饮之。屠苏之饮，先从小起，多少自在。一人饮，一家无疫。一家饮，一里无疫。……能仍岁饮，可世无病。"唐·韩鄂《四时纂要》："屠苏……今医家集众药为之，除夕以浸酒，悬于井中，元日取之，自少至长，东面而饮，取其滓，以绛囊盛，挂于门桁之上，主辟瘟疫。"明·李时珍《本草纲目》："屠苏酒，华佗方也。元旦饮之，辟疫疠一切不正之气。"

② 见上引唐·孙思邈《备急千金要方·辟温》。

③ 南朝梁·宗懔《荆楚岁时记》："先小者，以小者得岁，先酒贺之；老者失岁，故后与酒。"

如果不引入当时的文化语境，就很难准确体会到诗句的独特内涵。

有趣的是，正月初一饮屠苏酒的习俗在我国现在虽已消失，但我国的这一习俗却传入韩国和日本，日韩两国一直保留着这一习俗。在日本，喝酒还有酒具"屠苏器"，药店里也还有"屠苏散"卖。韩国近年来更是致力于对屠苏酒的保护和开发。① 所以日韩学生在学习《元日》的时候，非常容易理解。

文化语境的动态性会影响我们对文献的解读，只有尽量还原事件发生时所处的文化语境，才不致发生误读。再以"斋戒"为例。北京语言大学出版社《古代汉语（下）·西门豹治邺》有"闲居斋戒"一句，生词表对"斋戒"的解释是："旧时祭祀鬼神时，……不喝酒，不吃荤，以示虔诚。"② 可是下文又有"为具牛酒饮食，行十余日"。这里的"牛酒"，该教材课后翻译为"牛肉、酒"，既然斋戒是不食酒肉，怎么又为待嫁的"河伯妇"准备"牛酒"呢？这不就前后矛盾了吗？实际上，教材对"斋戒"的解释是有问题的。历史上，在不同时代的文化语境中，"斋戒"一词的含义并不一致。在西门豹生活的战国时代，"斋戒"并不要求吃素，只是不吃葱蒜等气味熏人的蔬菜。佛教传入中国后，直到南北朝时期，梁武帝萧衍才开始推行断酒肉的斋戒之法。③ 而且"牛"在先秦时代是重大祭祀不可缺少的祭品。④ 可见在举行河神祭祀时，给作为祭品的"河伯妇"斋戒准备牛肉是很正常的。

五、结语

语境化教学的理念已经被国内外语言教学界广泛接受，尤其是二语教学界，近年来为了提高学习者的实际语言运用能力而采取的颇为流行"情景化教学""任务型教学"等方法，都可以说是符合语境化教学这一总原则的。在对留学生的古代汉语词汇教学中，人们还较少提到语境化的作用。这实际上跟人们对语境化的概念理解有关。语境化并不是机械简单地等同于无限

---

① 参见孟珍月：《屠苏酒考——从中韩日古籍中考证屠苏酒》，载于《当代韩国》，2009 年第 1 期。

② 生词表此处对应的英文是"before sacrifice,... staining from wine and meat"。

③ 参见陈悟霖：《佛教入华与"斋戒"的嬗变》，载于《中国民族报》，2015 年 10 月 20 日，第 8 版。

④ 参见郭俊然：《汉代赐牛酒现象探析》，载于《北方论丛》，2016 年第 6 期。

贴近真实生活场景，在二语教学过程中扮演重要角色的语境化线索多种多样，只要根据教学类型，选择恰当的语境线索，就能达到激发学生学习兴趣、提高学习质量的目的。本文主要分析了上下文语境、情景语境和文化语境等三种语境线索在对留学生的古代汉语词汇教学中的作用，实际上，在对留学生的古代汉语语法教学、篇章教学中，语境化策略同样大有可为。

参考文献：

[1] 陈绂. 训诂学基础 [M]. 北京：北京师范大学出版社，2005.

[2] 胡壮麟. 语篇的衔接与连贯 [M]. 上海：上海外语教育出版社，1994.

[3] 李传军，金霞. 疾疫与汉唐元日民俗——以屠苏酒为中心的历史考察 [J]. 民俗研究，2010（4）.

[4] 彭利元. 情景语境与文化语境异同考辨 [J]. 四川外语学院学报，2008（1）.

[5] 朱永生. 语境动态研究 [M]. 北京：北京大学出版社，2005.

[6] 克里斯托尔. 剑桥语言学百科全书 [M]. 任明等，译. 北京：中国社会科学出版社，1995.

[7] Fillmore, Charles. *Topics in lexical semantics* [A]. In Roger Cole（eds.），*Current Issues in Linguistic Theory* [C]，76 — 138. Bloomington：Indiana University Press，1977.

[8] Firth, J. R. *Papers in Linguistics* 1934 − 1951 [C]. London：Oxford University Press，1957.

[9] Gumperz, J. J. & Cook Gumperz（eds.）. *Papers on Language and Context* [C]，Berkeley：Language Behavior Research Laboratory，University of California，1976.

[10] Halliday M. A. K.，Hasan R. *Spoken and Written English* [M]. London：Oxford University Press，1989.

[11] Lyons J. *Linguistic Semantics: An Introduction* [M]. Cambridge：Cambridge University Press，1995.

[12] Malinowski, B. *The Problem of Meaning in Primitive Languages* [M]. New York：Harcourt Brace & World，1923.

作者简介：

邓波，四川大学海外教育学院副教授，研究方向为对外汉语教学、第二语言习得、跨文化交际。

孔子学院"商务汉语"课程设置研究

——以比较研究为视角*

李 韵　胡 翼

四川大学海外教育学院

摘　要：本文对五国海外语言文化推广机构的商务外语课程设置情况进行了
研究，总结了其在等级划分、内容设计、教学方法、课程特色等方
面可资借鉴之处，并结合实际，对孔子学院"商务汉语"课程建设
提出了建议。

关键词：商务汉语；孔子学院；课程设置；汉语推广

Li Yun　Hu Yi

School of Overseas Education，Sichuan University

Abstract：This paper reviews the curriculums of Business Foreign Language
in five institutions of overseas language and culture promotion
from five countries. It summarizes the key points which are of
great value for studying in terms of grade division，content
design，teaching methods and features of curriculum. It also
proposes specific suggestions for the Business Chinese curriculum
in Confucius Institute based on the actual contexts.

Key　words：business；Chinese　Confucius　Institute；curriculum；
Chinese promotion

　*　本文为 2018 年四川大学中央高校基本科研业务费项目"国家语言文化推广机构在美跨文化传
播模式"阶段性成果。

一、前言

"商务汉语"属于专门用途外语教学的范畴，与"通用汉语"相对，与"科技汉语""医学汉语"等课程平行。一般认为，"商务汉语"教学旨在培养学习者在商务情境中使用汉语进行交际的能力（朱黎航，2003）。

学界对"商务汉语"课程的研究主要涉及三个方面：（1）学习需求，例如辛承姬（2009）对韩国科学院（KAIST）技术经营研究生院商务汉语需求进行了调查；（2）教学设计，例如沈庶英（2018）探讨了基于跨学科模式的商务汉语聚合课程建设；（3）个案研究，例如关道熊（2017）对美国加利福尼亚大学圣塔芭芭拉分校的暑假商务汉语课程进行了分析。其中关于孔子学院"商务汉语"课程设置的研究成果有：黄晓萌、孙冬（2017）分析了纽约州立大学商务孔子学院一门在线广播课程的模式；小虎（2014）调查了埃及开罗孔子学院"商务汉语"课程的设置情况。从这些成果来看，研究者们对"商务汉语"课程的性质和定位已经有了比较清晰的共识，一般认为必须以学习者具体的学习目的和实际的交际需要为纲来安排教学内容、设计教学方法。而对孔子学院"商务汉语"课程的研究还比较有限，已有成果主要是对教学实践的总结，缺乏对课程设置模式等的讨论。

因此，本文将以比较研究为视角，总结他国海外语言文化推广机构对"商务汉语"课程的设置情况，对孔子学院的"商务汉语"课程提出建设对策。

二、孔子学院"商务汉语"教学现状

我们曾就课程设置的一系列问题对北美、欧洲、亚洲、非洲和大洋洲五大洲的孔子学院进行过一次问卷调查。① 在调查中我们发现，38 所孔院中，公务和商务人士数量占到了学习者总人数的 12.5％。除此之外，还有大量志在从事对华贸易、交流的在校学生。对这些学习者来说，仅掌握一般的汉语知识和技能远远不能满足其实际需要，他们更希望有针对性地提高在商务

---

① 这次调查是教育部社科规划项目"孔子学院课程设置研究"的一部分。调查共面向全球孔子学院发放问卷 100 份，回收有效试卷 38 份。

领域的汉语交际能力，以完成具体工作中的交际任务。面对这一需求，越来越多的孔子学院在"通用汉语"课程之外开设了"商务汉语"课程。在我们的调查对象中，超过 40％的孔子学院设置了"商务汉语"课程，还有 10 多所孔子学院表示有设置该课程的计划或意愿。毫不夸张地说，"商务汉语"已经成为孔子学院中最受欢迎的课程之一。

近年来，随着我国与世界各国的经济、政治联系越来越紧密，特别是"一带一路"倡议逐渐成为世界共识，孔子学院的"商务汉语"课程正呈现出蓬勃的发展势头。与国内高校的"商务汉语"课程相比，孔子学院的"商务汉语"课程具有以下特点：

（1）学习者多为商务人士，学习目的明确，重视学习的实用性和高效性；

（2）二语习得的环境不足，学习者课后演练的机会较少；

（3）"订单式"课程比例较高，例如与外国企业合作开设的职员汉语培训课程。

这些特点同样体现在他国海外语言文化推广机构的商务外语课程中。因此，其他机构的经验能够在一定程度上为快速发展中的孔子学院"商务汉语"课程提供借鉴。

三、他国海外语言文化推广机构中的商务外语课程设置

早在 20 世纪末，专门用途英语的教学就已经在英国开展起来，并在全球范围内迅速发展。除此之外，专门用途的德语、法语、日语教学等也已经有了较长的发展历史，建立了比较成熟的体系。因此，我们对德国、法国、日本、西班牙、英国五国的海外语言文化推广机构①中商务外语课程的设置情况进行了分析和总结，提炼了其中成熟的经验和亮点。

1. 课程等级划分

首先，设置一定的语言水平入门门槛，即学习者必须已经完成一定时间的通用基础语言培训，或达到一定的语言水平等级。这就保证了学习者具有

---

① 五大语言推广机构包括：德国歌德学院、法语联盟、日本国际交流基金会、西班牙塞万提斯学院和英国文化协会。以下相关内容均根据各大机构的公开资料整理。

了一定的语言基础，为专业语言的学习提供了可能。例如，西班牙塞万提斯学院的"经贸西班牙语入门"（学时为 30 小时）是为学生、专业人员、有兴趣的人士提供的商务西班牙语课程。虽然是"入门"级课程，但仍然要求参加学员的西班牙语水平不低于 A2.2[①]。

其次，细化学习者水平等级，以保证同一个班的学习者水平基本相当。这是保证教学效率的有效途径。例如，在英国文化协会的香港教学点，"商业英语技巧培训"分为中级和中高级两个级数，每一级数细分为五个阶段，每阶段为 24 课时，总学时是 120 小时。所有学习者在入学前都会进行分级测验，确保就读于适合的班级[②]。

2. 教学内容设计

在商务外语教学中，教学内容的重点不是商务知识介绍，而是商务情景中的交际活动。例如，英国文化协会的中国台湾地区教学点所设置的"商务英语技巧培训"课程就由"商务电子邮件撰写技巧""实务商业简报技巧""商务报告撰写""实用会议英语""谈判沟通技巧""电话会议英语""社交英语"等子课程构成。其中，"商务电子邮件撰写技巧"培养学生使用实用的技巧及合适的用语以有效撰写邮件；"实务商业简报技巧"通过让学生学习简报关键词及编写方法，建立编写英语简报的信心及能力；"商务报告撰写"则强调教授学生用词技巧，指导学生撰写用语规范、结构完整的工作报告；"实用商务会议"帮助学生掌握完整表达会议重点的技能等。这些课程内容能够真正满足学习者追求实用、急用先学的需求。

3. 教学方法选择

教学过程的高度交际化是专门用途外语教学的一大特色。例如，德国歌德学院的"经济德语班"就充分秉持实践型理念，强调学生在登台演讲、参与会议、洽谈协议、立场说明和辩论中演练商务术语和技术词汇。同时还设置全球化、外包、因特网、品牌形象以及国际商业流程等主题，不断将最新

---

① 西班牙塞万提斯学院提供的通用西班牙语课程从零基础到高级进修课程共分为 6 个等级，具体分为 16 个课程，每个课程 60 课时。包括初级 1（A1.1，A1.2）、初级 2（A2.1，A2.2）、中级 1（B1.1，B1.2，B1.3）、中级 2（B2.1，B2.2，B2.3）、高级 1（C1.1，C1.2，C1.3）和高级进修课程（C2.1，C2.2，C2.3）。也就是说，参加"经贸西班牙语入门"课程的学员必须已经完成初级西班牙语课程的学习，或者说已经达到中级的水平。参见西班牙塞万提斯学院（西班牙）官方网站：http：//www. cervantes. es。

② 英国文化协会（香港）官方网站：http：//www. britishcouncil. hk/english/courses-adults/business-skills-mdular。

的商务情景纳入教学内容，充分体现了商务活动范围广、更新速度快等特点①。

4. 课程特色打造

第一，针对不同的学习者群体，提供订单式课程。例如，日本国际交流基金会（下称日交会）常年为印度尼西亚和菲律宾护理人员提供职前语言培训。这一培训是针对前往日本进行护理工作的人员在到达日本之前进行的为期6个月的语言强化集训，集训也对关于日本文化和社会进行介绍，旨在为学员在日本的顺利工作打好基础。另外，日交会还有针对从事对日事务的公务人员的培训和对日企外国员工的培训等②。再如，英国文化协会在日本的教学点采取与日本企业开展合作的方式建立了"公司英语"项目。协会通过与客户及课程参与者详细协商，为不同的机构量身打造相应英语课程，以满足个性化需求，形式既可以是班级授课，也可以是"一对一"授课③。

第二，增加课程的国别特色。例如，英国文化协会的韩国教学点就根据韩国职场实际增设了"面试英语"课程，而且将其列为"商务英语"系列课程的主干课程之一。其主要特点包括小班授课（最多8人）、模拟面试、连续12学时的强化集训等，充分满足了韩国学习者的需求④。

第三，与语言测试紧密结合。语言测试能够检验学习效果，同时强化学员的学习动机。例如，在德国歌德学院的"经济德语班"，学员除了在典型的职业情景中，如求职、销售交谈、企业或产品展示等进行交流以外，还在教师的指导下有针对性地准备结课时需要参加的"国际经济德语考试"。同时，"商务法语"也是巴黎工商会的职业法语证书（DFP）的备考课程⑤。

四、孔子学院"商务汉语"设置发展对策

1. 突出内容特点

专门用途外语不仅是一门课程，更是一种以学习者为中心的教学方法。因此，各个孔子学院应该在课程开设之前，进行充分的背景调查和需求分

---

① 德国歌德学院（德国）官方网站：http：//www. goethe. de/ins/de/zhindex. htm
② 日本国际交流基金会总部官方网站：http：//www. jpf. go. jp/j/index. html
③ 英国文化协会（日本）官方网站：http：//www. britishcouncil. org/korea. htm
④ 英国文化协会（韩国）官方网站：http：//www. britishcouncil. org/japan. htm
⑤ 德国歌德学院（北京）官方网站：http：//www. goethe. de/ins/cn/pek/zhindex. htm

析，基于合作方的要求和学习者的需求，为课程设计富于特色的教学内容和方法。例如，针对商场店员的培训，以常用销售套语为主要内容，选取情景对话等教学方法，强化教学效果；又如，针对企业管理层的培训，在汉语教学的同时，还应设计汉语交际策略、中国用餐礼仪等主题。总而言之，应"因材施教"，使学习者在短时间内学有所用，学有所得。

2. 设置语言门槛

从五国海外语言文化推广机构的课程设置来看，中级水平一般被作为"商务汉语"课程的入门等级。我们认为对汉语学习者来说，这样的要求同样适用。中级水平一般意味着学习者已经习得了汉语的基本语法结构和3 000个左右常用词语，能够完成日常情景的交际任务。如果参照 HSK 考试体系，相当于通过了三级。只有设置语言门槛、细化分班等级才能真正实现"商务汉语"的教学目标和特点。

3. 建设国别教材

"订单式"课程受众有限，教学内容多依靠教师调整。要进一步保证教学效果，可以按照国别撰写教材。各国孔子学院可以根据所在国实际联合设计"商务汉语"教材，一方面保证教学有章可循，另一方面也将大大提高课程内容的针对性。

4. 强调考学结合

"商务汉语考试"（BCT）已经成为全球性的语言测试项目，对水平等级有详细的分类和说明。孔子学院应将课程内容与考试紧密结合，达到以考促学、以考验学的效果。

5. 推动网课建设

不同于在校学生，很多"商务汉语"课程的学习者往往在学习时间方面存在局限性。因此，加强基于网络的课程建设，可以满足更多学习者的需求，同时帮助学习者充分利用"碎片时间"，提高学习效率。

参考文献：

［1］朱黎航. 商务汉语的特点及其教学［J］. 暨南大学华文学院学报，2003（3）.

［2］钱敏汝. 经济交际学纵横观［J］. 国外语言学，1997（2）.

［3］辛承姬. 韩国汉语教学的市场需求调研——以"商务汉语"课程为例［J］. 福建师范大学学报（哲学社会科学版），2009（1）.

［4］沈庶英. 基于跨学科模式的聚合课程研究——兼谈商务汉语聚合课程建设［J］. 教

育研究，2018（1）.

[5] 关道雄. 一个包含不同汉语水平学生的暑期强化商务汉语课程案例 [J]. 国际汉语教学研究，2017（4）.

[6] 黄晓萌. 运用多媒体进行商务汉语教学的策略——纽约州立大学商务孔子学院"商务汉语全知道"在线广播课程的模式分析 [J]. 高等教育，2017（4）.

[7] 小虎. 埃及开罗大学孔子学院商务汉语课程设置研究 [D]. 济南：山东师范大学，2014.

[8] Hutchinson，T. & A. Waters. English for Specific Purposes [M]. Oxford：Oxford University Press，1987.

[9] Stevens，P. New Orientations in the Teaching of English [M]. Oxford：Oxford University Press，1977.

作者简介：

李韵，文学博士，四川大学海外教育学院教师，研究方向为语用学。

胡翼，四川大学海外教育学院讲师，研究方向为对外汉语教学与中华文化国际推广。

马来西亚华文小学华文教育研究

商 拓　蔡旻妤

西南交通大学外国语学院

摘 要：马来西亚具有完善的华文教育体系，从幼儿园到大学都有相应的汉语课程，其中华文小学的华文教育更是马来西亚华文教育体系中最重要的一环。这主要是因为绝大多数马来西亚华裔都会接受六年的华文小学的基础教育，如今在华文小学就读的非华裔也有日益增加的趋势。由此，华文小学六年的华文教育为他们的汉语学习打下了坚实的基础。通过分析、对比华文小学的华文教材与新 HSK 词汇及语法大纲，可以大致了解马来西亚华文小学的汉语教学以及教材编写情况，这有助于评估马来西亚华文小学的汉语教育水平也有助于对在马来西亚接受系统的华文小学的华文教育后的学生来到中国直接进入专业课学习的可行性进行研究。

关键词：马来西亚华文教育；新 HSK；汉语水平

Study on Chinese Language Education in Malaysia

Shang Tuo　Cai Minyu

School of Foreign Languages，Southwest Jiaotong University

Abstract：Malaysia generally has a comprehensive Chinese education system，with relevant Chinese courses constructed throughout from kindergarten to university level. Chinese course in Malaysia plays an important role in delivering perfect education，especially in the primary institution. This is due to the fact that Chinese families normally send their children to Chinese-based primary schools. The excellent Chinese course has even attracted a lot of children of the ethnic compatriots. This inevitably shows that Chinese-based education has grown and improved with solid foundations.

Through the analysis and assessments，a brief conclusion can be made regarding the teaching materials and composition of Chinese primary schools textbooks. This further explains and reveals the Chinese standards of Chinese-based primary institution nowadays. Moreover，the acceptance level and feasibility of Malaysian Chinese, who undergone Chinese-based primary education system and enrol themselves into professional courses conducted in China in the future，may be determined and understand.

Key words：Chinese language teaching in Malaysia；new HSK；Chinese language standard

马来西亚华文小学教材《华文课本》是马来西亚华文小学（下称华小）统一使用的华语教材，但有关华小教材的研究并不多。第一个对华小的华文教材做全面研究的是复旦大学的黄诗婷（2012），她梳理了华小教材的发展史，对教材的课文、练习、识字等进行了考察，并分析了教材的优缺点。苏州大学的王伊洁（2013）在编排、内容、生字量和习写生字四个方面对华小一年级教材与中国一年级语文教材进行了比较。南京师范大学的赖智勤对华小一年级华文教材和中国小学一年级语文教材进行了汉字量化统计分析。北京师范大学的步延新（2016）对华小一年级的教材做了句型分析方面的研究。

关于将新 HSK 大纲作为分析教材标准的再研究，广东外语外贸大学的刘雨虹（2013）将新 HSK 一到四级的词汇大纲与《汉语教程》一、二的生词进行了对比。西北师范大学的刘琛（2015）分析了《发展汉语（第二版）中级综合（I）、（II）》与新 HSK 五级考试大纲的匹配性。华中师范大学的马玥（2015）将《当代中文（印尼语版）》的词汇和新 HSK 一到三级的词汇大纲进行了对比分析。

从上述研究中可以发现，有关华小教材的研究大多集中在教材的编排体例、生字统计、句型等方面，并且大多是以一年级的教材为研究对象，对华小教材的词汇量和语法研究还很少。为了客观地评估马来西亚华小的汉语水平，研究华小教材的词汇量和语法十分必要。本文以新 HSK 语法、词汇以及语言功能大纲为标准，对比分析华小一到六年级教材，以更加全面、客观地评估华小的华文教育水平。

一、华文小学教材词汇量研究

在语言的语法结构中，词是最重要的一级语法单位，是语言中能够自由运用的最小符号。也就是说，词汇在日常交际中起着不可替代的作用。在学习一门语言的过程中，词汇的积累可说是至关重要的一环。假设一个人的词汇量有限，那他就无法使用语言来准确地或较为贴切地向人描述自己内心的感受和想法。又或者如果一个人掌握了一门外语的所有语法知识而不去积累词汇量，那即使他对所有的语法知识都了然于心，也无法流利地使用该门外语进行交谈或阅读。由此可见，词汇量的积累对学习语言具有极大的重要性。因此，要探讨华小汉语水平，对比分析华小教材的词汇量是必不可少的工作。本文所指的华小教材词汇量为消极词汇量，它所反映的是课文语境中的含义。

（一）华文小学教材的词汇量

华小的词汇学习主要是以阅读课文为主、词语习得为辅的"伴随性学习"（刘雨虹，2011）。华小教材后的附录是每单元需要重点学习的"认读生字与习写生字表"。从附录表上可以了解每个年级、每个单元需要掌握的生字，也就是说，附录表是以生字而不是生词为基本单位。换个角度来说，华小的词汇学习除了伴随课文学习的方式，还以生字拓展构词的方式来进行的。以笔者在华小的上学经历为例，在正式进入每单元的课文讲解之前，老师会提前一天讲解该单元的生字及其构成的相关课文生词，并让学生课后习写以及认读。由此可见，虽然附录表以生字为基本单位，但在日常教学中，老师会以生字构成词语的方式来进行汉语词汇教学。因此，笔者将以课文中所出现的生词来与新 HSK 各级的词汇大纲进行对比。

1. 一年级教材的词汇量

华小一年级教材分为 22 个单元，共有 44 篇课文，指定必学的生字共

573 个。华小一年级教材主要包括一些基本人称名词、基本量词、形容词等。教材的编写的词汇学习以随课文识字为教学重点，在课文中采用了词串识字、对子歌、字理识字等识字方式。另外，课文后也附有田字格的笔画示范，使小学生在学习书写汉字之初就可以学习按笔画书写的规则。华小一年级的课文包括儿歌、童诗等韵文以及一些短课文。其中一些朗朗上口的韵文课文是要求朗读背诵的，以利于学生的词汇积累并积淀文化底蕴。

由于学生刚开始小学教育的学习，教材的前 4 个单元主要内容是与学校有关的名词及动词，与家庭有关的人称名词、身体部位名词等。从第五单元开始，学生开始接触、学习使用各种量词和数词，比如第六单元课文《数一数，比一比》，文中就使用了"个""只""群"等量词。课文后还有针对"群"和"只"用法的图片说明。再往后面的课文则开始介绍一些简单的形容词，比如"少""小""短"等。从第八单元起，教材的课文编写开始从韵文形式过渡到短课文形式。因此，课文的生词也就明显地增多了。

由于华小采用的是以汉语作为教学媒介语，所以在一年级的教材中已经可以看到一些单元的课文后附有"趣味语文"的项目。这个项目主要有猜谜语、背诵古诗、诵读教材等，为的是让学生感受汉语的韵律美、语言美。

2. 二年级教材的词汇量

华小二年级教材分为 28 个单元，共有 38 篇课文，指定必学的生字共 534 个。华小二年级教材的课文体裁包括儿歌、童诗、记叙文、对子歌、童话故事、寓言故事及观察日记，另外还收录了一些国外作家的选文。二年级教材主要还是以识字为要务。在教材中，可以看到课文当页的生字都附有汉语拼音，并且课文后还有引导学生用生字构成其他词语的构词练习。比如第一单元的课文后就给出了"失"和"张"两个生字，并给了如"失火""消失""张望""望远镜"等例词。

另外，二年级的教材包括更多的量词。例如，第三单元课文中的"一张邮票""一扇窗""一只白鸽"，第二十二课课文中的"一轮明月""一面镜子""一个月饼"等。除此之外，二年级教材还有许多构词练习，如第八单元课文后的文字金字塔游戏，要求用"感"字构成"感动""故事感人""感谢你的帮助"等短语、短句。除了这种游戏，还有像第二十三课课文后的练习，给出生字让学生利用这些生字自行组合构词。比如，给出"胡""争""金""论""言""瞎""说""黄""子""闹""吵""发"12 个生字，然后让学生进行构词练习。这些生字、生词都是之前课文中学习过的，这种练习有利于学生复习学过的词汇以加深记忆，也是帮助小学生积累词汇量的一种学习手段。

3. 三年级教材的词汇量

华小三年级教材分为 28 个单元，共有 64 篇课文，指定必学的生字共429 个。课文体裁包括儿歌、童诗、日记、记叙文、说明文、成语故事、童话故事、名人典故及神话故事，还收录了一些国内外作家的选文以及经典名著改写。可以发现，课文中已经开始使用大量成语，其中最突出的是 17 单元，课文《成语新天地》。课文中出现了"虎头蛇尾""胆小如鼠""画龙点睛""龙马精神"等成语。由此可见，华小的成语学习从三年级就开始了。

4. 四、五、六年级教材的词汇量

华小四年级教材分为 28 个单元，共有 39 篇课文；华小五年级教材分为28 个单元，共有 44 篇课文；华小六年级教材分为 28 个单元，共有 43 篇课文。华小教材从四年级开始，课文的篇幅已经都是长课文的形式，课文中也运用了大量成语。其中教材的课文体裁以说明文和记叙文占据了大多数，另外还穿插了一些长篇幅的诗歌以及一些古诗。由于课文篇幅变长以及课文内容深度提高，四年级至六年级的教材词汇量也变得丰富。

（二）华文小学教材词汇量分析

新 HSK 以"词"为基本单位，考试大纲提供了各分级的词汇表。而华小教材提供的附录表以"字"为基本单位，提供的是汉字表。由于华小教材没有提供词汇表，为了了解华小教材的用词情况，本文将参照华小教材的汉字表并结合课文使用词汇的具体情况，对华小的词汇使用进行统计。

按照教材必学生字的附录表所分析的华小每年级学生所掌握的词汇为：一年级 401 个、二年级 430 个、三年级 341 个、四年级 331 个、五年级 297个及六年级 255 个，总共 2055 个。

二、华文小学教材词汇量与新汉语水平（HSK）词汇量对比分析

本文以新 HSK 各分级的词汇大纲与华小教材的课文词汇进行了对比分析。表 1 显示了新 HSK 各分级词汇和华小教材词汇的对比结果。

表 1　新 HSK 各级词汇量与华小教材词汇量的对比

新 HSK 各级 词汇量（个）	一级 (150)	二级 (150)	三级 (300)	四级 (600)	五级 (1 300)	六级 (2 500)
华小教材的 词汇量（个）	145	142	274	521	991	1 274

新 HSK 一级词汇有 150 个，华小教材里与新 HSK 一级词汇大纲相对应的词汇有 145 个（含附录），约占一级词汇大纲的 97％。新 HSK 二级词汇有 150 个，华小教材里与新 HSK 二级词汇大纲相对应的词汇有 142 个（含附录），约占二级词汇大纲的 95％。新 HSK 三级词汇有 300 个，华小教材里与新 HSK 三级词汇大纲相对应的词汇有 274 个（含附录），约占三级词汇大纲的 91％。新 HSK 四级词汇有 600 个，华小教材里与新 HSK 四级词汇大纲相对应的词汇有 521 个（含附录），约占四级词汇大纲的 87％。新 HSK 五级词汇有1 300个，华小教材里与新 HSK 五级词汇大纲相对应的词汇有 991 个（含附录），约占五级大纲的 76％。新 HSK 六级词汇有2 500个，华小教材里与新 HSK 六级词汇大纲相对应的词汇有1 274个（含附录），约占六级词汇大纲的 51％。

综上所述，华文小学教材中包含了绝大部分新 HSK 一级到五级的词汇，这类词汇是基本词汇，约占新 HSK 总词汇量的 67％。虽然华文小学教材要求学生掌握的词汇绝大部分是新 HSK 词汇大纲的超纲词，但本文还是以华小教材中所能对应上新 HSK 词汇大纲的词汇为准。据我们分析，新 HSK 六级词汇有一半对华文小学生来说是超纲生词。因此，我们认为华文小学教材的词汇量至少能达到新 HSK 五级的水平。

三、华文小学教材语法及句型研究总结

通过"篇章分析"的方式对比分析华文小学教材和新 HSK 一到三级的语法大纲后，我们发现只有几个语法知识点是华文小学教材中缺少的，这几个语法点分别是：（1）一级语法大纲中表示年龄的句型、陈述句的名词谓语句和疑问句"几"的用法；（2）三级语法大纲中的范围副词"一共"的使用和疑问句"对吗"及"可以吗"的使用。此外，华文小学教材的语法知识点基本上集中在一到三年级，这种现象与新 HSK 的语法知识点都集中在一到三级的初级阶段学习不谋而合。

华文小学教材的语法知识特点是：未将必学的语法知识点归纳出一套语法大纲，也不要求学生必须掌握某种语法点，而是通过课文篇章讲授学习语法知识，加深学生对汉语语法规则的了解，使之在日积月累的课文篇章学习中自然而然地学会运用这些语法知识。

综上，华文小学教材具备了新 HSK 的语法大纲里绝大部分的语法点。只有上述极少数语法点是华小教材里没有的。由此，我们判断华文小学教材的语法点是达到新 HSK 一到三级语法大纲的标准要求的。

四、华文小学教材语言功能研究总结

语言最基本的社会功能是信息传递功能，这一功能体现在语言上就是内容的表达。信息的传递是人与人交流的基本方式。通过信息的交流，人们才能够在社会中分享各自的经验感知，更好地分工协作（叶蜚声，2010）。

新 HSK 大纲的设定是为了让汉语学习者能更好、更有效地使用汉语进行实际的语言交际和交流活动。对比分析华文小学教材与新 HSK 的语言功能大纲，可以更好地了解华文小学华文教育的日常汉语实用性。

新 HSK 的语言功能学习目标和语法学习目标一样，都集中在新 HSK 一到三级。因此，本文以新 HSK 一到三级的语言功能大纲为标准，分析华小教材的语言功能。

本文把华文小学教材与新 HSK 一级、二级、三级语言功能大纲进行了逐一对比分析，发现华文小学教材具备了大致所有新 HSK 语言功能大纲所要求的语言功能，这也证明了华文小学教材的华文教育是具有交际与交流的实用性的，而不单只是书面上的汉语知识。由此，我们认为华文小学教材的语言功能是符合新 HSK 三级的语言功能大纲的。

五、结论

马来西亚的华文教育经过长时间、多方的共同努力，如今已形成一套成熟的教育体系。尤其是华文小学教育，除了扮演着维持华语作为华裔子弟的母语的角色，同时也是华人在马来西亚的民族身份被认可及尊重的表现。本文以新 HSK 的词汇、语法及语言功能大纲为标准，分析马来西亚华文小学教材所具备的词汇量、语法知识及语言功能，由此来衡量华文小学的华文教育水平。

在词汇量方面，华文小学教材所要求学生掌握的词汇和新 HSK 词汇大纲词汇的最大差别在于：新 HSK 词汇大纲的编写主要是让汉语学习者掌握一些日常交际生活中所使用的基本词汇；而华文小学教材的词汇编写则是要让学生积累丰富的汉语词汇，以更灵活、贴切地表达自身的思想感情。不过，本文还是以新 HSK 词汇大纲为准分析华文小学教材对应的词汇量，认为华文小学教材的词汇量大致能达到新 HSK 词汇大纲的五级水平。这也就意味着华文小学学生在完成华文小学六年的华文教育后，掌握了超过新 HSK 四级词汇大纲的词汇量。

在语法方面，新 HSK 的语法知识点集中在一到三级，四到六级并没有制定语法大纲，而华文小学教材的语法知识点也大多集中在一到三年级的教材中。本文分析华文小学教材课文中所使用的语法点，并与新 HSK 语法大纲进行对比，得出的结论是华文小学教材的语法知识覆盖面达到了新 HSK 三级的语法大纲要求。在语言功能方面，新 HSK 的语言功能大纲同样集中在一到三级，四到六级没有制定语言功能大纲。通过对比分析，本文认为华文小学教材具备了新 HSK 语言功能大纲所要求的全部语言功能。

综上所述，我们认为华文小学学生在完成六年的华文教育后，至少能达到新 HSK 四级水平。因此，我们认为，来华学习的马来西亚留学生在接受过系统的华文小学教育的背景下直接进入专业课的学习是可行的。首先，接受过系统的华文小学华文教育的学生在沟通交流上不会有太大困难。其次，除了理工科专业的学生需要学习相关专业术语以外，华文小学毕业生的词汇量储备足够让他们进行与生活和课堂教学等有关的活动。

参考文献：

[1] 步延新. 马来西亚华语教材句型分析——以《一年级华文》为例 [J]. 南京师范大学学报（对外汉语教学与研究版），2015，14（3）.

[2] 崔蕾. 新旧 HSK 考试大纲对比研究与全项应试辅导——以旧 HSK（基础）和新 HSK（4 级）为例 [D]. 石家庄：河北师范大学，2013.

[3] 国家汉办. 新汉语水平考试词汇（修订版）[Z]. 汉语考试服务网，2012.

[4] 国家汉办/孔子学院总部. 新汉语水平考试大纲（1－6 级）[M]. 北京：商务印书馆，2010.

[5] 黄诗婷. 马来西亚汉语教材研究——以华文小学课本《华文》为例 [D]. 上海：复旦大学，2012.

［6］赖智勤. 马中小学一年级语文教材汉字教学比较研究——以马文版和苏教版为例［D］. 南京：南京师范大学，2011.

［7］刘琛.《发展汉语中级》与《新 HSK 五级》匹配研究［D］. 兰州：西北师范大学，2015.

［8］刘雨虹.《汉语教程》词汇与新 HSK 考试大纲词汇比较研究［D］. 广东外语外贸大学硕士学位论文，2011.

［9］陆俭明. 现代汉语语法研究教程［M］. 北京：北京大学出版社，2013.

［10］吕长竑. 词汇量与语言综合能力、词汇深度知识之关系［J］. 外语教学与研究（外国语文双月刊），2004，36（2）.

［11］马玥.《当代中文（印尼语版）》与新 HSK 考试词汇对比与教学建议［D］. 武汉：华中师范大学，2013.

［12］彭俊. 华文教育研究［D］. 上海：上海师范大学，2004.

［13］彭小川，李守纪，王红. 对外汉语教学语法释义［M］. 北京：商务印书馆，2016.

［14］钱旭菁. 词汇量测试研究初探［J］. 世界汉语教学，2002，8（4）.

［15］钱旭菁. 汉语阅读中的伴随性词汇学习研究［J］. 北京大学学报（哲学社会科学版），2013，40（4）.

［16］孙秀青，黄慧羚，周锦聪. 一年级华文课本［M］. 雪兰莪：马来亚出版社，2016.

［17］孙秀青，黄慧羚，郑奕标. 二年级华文课本［M］. 雪兰莪：马来亚出版社，2011.

［18］孙秀青，黄慧羚，郑奕标. 三年级华文课本［M］. 雪兰莪：马来亚出版社，2012.

［19］孙秀青，黄慧羚，郑奕标. 四年级华文课本［M］. 雪兰莪：马来亚出版社，2013.

［20］孙秀青，黄慧羚，周锦聪. 五年级华文课本［M］. 雪兰莪：马来亚出版社，2014.

［21］孙秀青，黄慧羚，周锦聪. 六年级华文课本［M］. 雪兰莪：马来亚出版社，2015.

［22］王伊洁. 马来西亚小学华文与中国大陆小学语文教学比较——以一年级为例［D］. 苏州：苏州大学，2013.

［23］杨寄洲. 编写初级汉语教材的几个问题［J］. 语言教学及研究，2003（4）.

［24］叶蜚声，徐通锵. 语言学纲要（修订版）［M］. 北京：北京大学出版社，2010.

［25］叶婷婷. 马来西亚的华语作为第二语言教学教材探析［J］. 云南师范大学学报（对外汉语教学与研究版），2010，8（4）.

作者简介：

商拓，西南交通大学外国语学院副教授，主要研究方向为汉语国际教育、汉语言文学文化。

蔡旻好，马来西亚人，西南交通大学外国语学院国际汉语系 2017 届汉语国际教育专业本科毕业，文学学士。新加坡汉语文中心教师。

汉语国际教育中同字异序双音词的教学问题*

王娇娇

四川大学文学与新闻学院；西华师范大学文学院

摘　要：本文对"同字异序双音词"的概念及其在对外汉语词汇教学中的范围进行了界定，并从语音、词性、意义以及词性与意义的对应关系等方面进行了描写与分析，最后从汉语国际教师和外国留学生两方面提出了相应的教学建议。

关键词：同字异序双音词；对外汉语；词汇教学

The Teaching of Chinese Words with Same Character But in Reversed Sequence in International Education

Wang Jiaojiao

School of Literature and Journalism, Sichuan University; China West Normal University

Abstract：This article defines the concept of "Chinese disyllabic words with same character but in reversed sequence" and the scope of vocabulary teaching in TCFL. In addition, this article also describes and analyses the pronunciation, the part of speech and relationship between part of speech and meaning. Finally, this article puts forward the corresponding teaching suggestions from two aspects of Chinese teachers and foreign students.

＊　本文为西华师范大学 2018 年校级青年教师科研资助项目"外向型汉语学习词典的释义研究——以《商务馆学汉语词典》为例"的系列成果。

Key words：disyllabic words with same character but in reversed sequence；
Chinese as a foreign language；vocabulary teaching

一、对"同字异序双音词"的界定

目前学术界对"AB-BA"这一汉语中较为特殊的词汇现象的命名说法不一，有的称之为"同素颠倒词"，有的称之为"同素逆序词"，还有的称之为"同素异序词"，其中以"同素异序词"的说法最为普遍。

汉字与语素和词之间不是简单的一一对应的关系。一方面，同一个汉字所代表的语素或词可能相同，也可能不同。例如，"东海"的"海"与"南海"的"海"是同一个语素，而"语法"的"法"与"法国"的"法"则不是同一个语素。另一方面，一个字并不一定就代表一个语素或词，例如，"琵琶"就是由两个字组成的单语素词。

从术语出现的时间来看：语素的概念是现代语言学产生之后才出现的，在现代语言学产生之前，中国学术界一直用的是字的概念。汉语学界中不少学者在语素的概念引进之后便舍弃了字的概念，认为字不是语言学的术语而是文字学或至多是语文学的术语，这实际上是不甚恰当的。例如构成"参差""忐忑""窈窕""尴尬"等词的"参、差""忐、忑""窈、窕""尴、尬"都不是印欧语系语言中的最小的有意义的语言单位，因此不能把它们视为语素。也有人直接把它们称作音节，但由于音节不是词语构造成分的术语，所以"参、差"等最恰当的说法还是字。

鉴于此，我们认为与其用这种界限模糊的术语，还不如将其统称为"同字"（这里的"同字"指的是书写形式上相同的字符）。一来，可以避免因界限不清而导致的概念上的混淆；二来，也符合对外汉语教学对象的实际情况。绝大多数留学生可以通过方块字视觉上的刺激来感知汉字，从而理解和掌握词语。

至于"异序"和"逆序"的说法，严格地说两者是有差别的。例如，"放狗屁"的逆序形式只有一种，就是"屁狗放"；但是它的异序形式却有五种："狗放屁""放狗屁""屁放狗""屁狗放""狗屁放"，只不过只有前两种符合语法规则和语义规则。然而对于双音词而言，"异序"和"逆序"虽然表达方式不同，但所指内容相同。因为"AB"结构词语的"异序"或"逆序"形式都只有一种，那就是"BA"。正是因为如此，本文认为将"AB-

BA"这一词汇现象称之为"同字异序双音词"更为准确。

二、汉语国际教育中"同字异序双音词"的范围

（一）以《汉语水平词汇等级大纲》为主要依据

《汉语水平词汇等级大纲》是国家对外汉语教学领导小组办公室（以下简称"汉办"）汉语水平考试部开发研制的《汉语水平词汇与汉字等级大纲》的词汇部分。它一共收词 8 822 个，包括甲级 1 033 个、乙级 2 018 个、丙级 2 202 个、丁级 3 569 个。该大纲是一种规范性的水平大纲，源于教学又高于教学，在对外汉语教学中具有很高的权威性，是我国初、中、高等汉语水平考试的主要依据，也是我国对外汉语教学总体设计、教材编写、课堂教学和成绩测试的主要依据。因此，该大纲理所当然也应成为对外汉语"同字异序双音词"教学的最主要依据。

（二）对刘枫在《汉语水平词汇等级大纲》所找的 52 对同素异序词的质疑

1. 混淆了"同素异序词"和"同字异序词"

刘枫（2001）在《从 HSK 同素异序词看对外汉语词汇教学》一文中也是依据《汉语水平词汇等级大纲》来确定教学范围的，他将"同素异序词"定义为"构词语素相同、语素序互异、成对的双音词"，并在《汉语水平词汇等级大纲》中找出 52 对同素异序词：代替—替代、讲演—演讲、力气—气力、互相—相互、侵入—入侵、感情—情感、路线—线路、彩色—色彩、达到—到达、担负—负担、合适—适合、喊叫—叫喊、来往—往来、弟兄—兄弟、光亮—亮光、欢喜—喜欢、开展—展开、变质—质变、回收—收回、言语—语言、产生—生产、接连—连接、称号—号称、点钟—钟点、对面—面对、儿女—女儿、犯罪—罪犯、蜂蜜—蜜蜂、国王—王国、面前—前面、年青—青年、期限—限期、前提—提前、实现—现实、私自—自私、孙子—子孙、同一——一同、下乡—乡下、心中—中心、黄金—金黄、科学—学科、不要—要不、出发—发出、动机—机动、度过—过度、法语—语法、工人—人工、故事—事故、回来—来回、会议—议会、来历—历来、人生—生人。

前文已指出，一个汉字可以记录几个不同的语素，判定同一语素必须保

证意义是相同或者相关的。本文根据《现代汉语词典》（第 7 版）对词义阐释的编排原则，将不分条者视为同一个词素，分条者视为不同的词素。据此本文发现，刘枫所确定的 52 对同素异序词中有 8 对（"法语—语法、不要—要不、出发—发出、动机—机动、度过—过度、人生—生人、儿女—女儿、面前—前面"）不能判定为"同素异序词"，而只能称为"同字异序词"。因为"法语"中的"法"是英语单词"france"的音译，而"语法"中的"法"是"法则、规则"的意思；"不要"中的"要"是"应该、希望"得到的意思，而"要不"中"要"是"如果、要么"的意思；"出发"中的"发"是"起程"的意思，而"发出"中的"发"是"产生、发生"的意思；"机动"中的"机"的意思是"机器、灵活"，而"动机"中的"机"的意思是"心思、念头"；"度过"中的"过"是"从某个地方或者某个时间到另一个地方或者另一个时间"的意思，"度"是"过（时间）"的意思，而"过度"中的"过"是"超过"的意思，"度"是"限度"的意思；"人生"中的"生"是"生存、生活"的意思，"生人"中的"生"是"生疏"的意思；"儿女"是"儿子、女儿"的意思，"儿"在这里是一个实语素，而"女儿"中的"儿"是一个词缀，是虚语素；"面前"的"面"是"部位、方面"的意思，是一个实语素，而"前面"的"面"是一个方位词后缀，是一个虚语素。

2. 忽视了极具地方特色且使用频率较高的方言词

众所周知，在实际的生活和学习中，留学生面临着与说汉语方言的人交流的现实情况。这时，掌握那些使用频率极高的方言词汇就成了一种必需的。除了实用性以外，那些极具地方特色的方言词汇还会为留学生学习汉语带来一种趣味性。而且，我们发现留学生对于方言词汇的学习和使用有着浓厚的兴趣，有时甚至以会说一个很地道的方言词（如：重庆方言词"要得"，东北方言词"贼好"）而感到特别的自豪。

在四川方言中就有"闹热、讲演、声响、齐整、率直、坦平、紧要、人客、鸡公、鸡母"，这些词与现代汉语普通话标准词汇词序正好相反。这一方面是语言发展时空的不平衡性所致，另一方面也在一定程度上体现了语言的羡余性原则以及汉语构词的灵活性特点。当然并不是方言中所有的这些同字异序词都可以拿来用于对外汉语词汇教学，否则便犯了不看对象、不分主次的错误。本文认为，尽管对外汉语教学最根本的教学内容是现代汉民族的共同语（即普通话），但是方言中的一些极具地方特色的词语或者使用频率很高的方言词语还是可以作为适当补充的。通过对北大汉语语言学研究中心现代汉语语料库的使用频率进行统计，我们对比了上述 10 个四川方言词以及其所对应的普通话标准词汇的使用频率（详见表1）。

表1 四川方言词与普通话标准词的使用频率对比统计表

组数	形式	词语	出现次数（次）	频率（%）
1	B式	声响	3 065	62.83%
	A式	响声	1 654	37.17%
2	B式	讲演	1 381	26.54%
	A式	演讲	3 823	73.46%
3	B式	紧要	1 469	24.09%
	A式	要紧	4 629	75.91%
4	B式	闹热	72	1.7%
	A式	热闹	5 731	98.3%
5	B式	率直	310	30.54%
	A式	直率	705	69.46%
6	B式	齐整	283	7.4%
	A式	整齐	3 517	92.6%
7	B式	坦平	29	2.47%
	A式	平坦	1 144	97.53%
8	B式	人客	87	0.7%
	A式	客人	3 517	99.3%
9	B式	鸡公	94	13.4%
	A式	公鸡	667	86.6%
10	B式	鸡母	11	1.3%
	A式	母鸡	810	98.7%

注：B式是指四川方言常用的形式，A式是指普通话中常用的形式。

通过上述统计分析，我们可以看出，在这 10 组同字异素词中，B式使用频率最高的是"声响"，其次是"率直""讲演""紧要"；频率较低的是"人客""鸡母""闹热""坦平""齐整""鸡公"；极具地方特色的是"人客""鸡公""鸡母"等与普通话中偏正结构的表达方式正好相反的词语。因此，

"声响"一词应纳入对外汉语词汇教学范畴,"率直""讲演""紧要"在汉语高级阶段可以偶尔提及;而"人客""鸡公""鸡母"则可以在教学对象是泰国学生时顺带提及,因为泰国学生由于受到泰语负迁移作用的影响,经常会造出类似"鸡公"这样的正偏结构的词来,这时绝大多数对外汉语老师会马上搬出普通话的词汇规则来纠正他们的错误,但是如果告诉他们,"你们的表达并没有错,只不过是地道的方言表达,而不是地道的普通话,所以由此可以看出汉语跟你们的母语是有很多共同点的,只不过随着时间的推移慢慢地发生了一些演变而已。只要你们用心学习就一定能够学好汉语的"。这样先扬后抑,不仅可以使学生知其然而且知其所以然,而且还能增强学生学好汉语的信心。总之,对于方言词语应该教哪些内容、什么时候教,应该综合考虑该方言词语的使用频率、结构特点以及学生的母语情况、汉语水平和经常出现的词语偏误类型等方面情况具体确定。

三、HSK 中同字异序词的分析

(一) 语音分析

在《汉语水平词汇等级大纲》中的 52 对同字异序词中,语音有变化的有 7 对:弟兄(dìxiong)—兄弟(xiōngdi) (xiōngdì)孙子(sūnzi)(sunzǐ)—子孙(zǐsūn)、面前(miànqián)—前面(qiánmian)、同一(tóngyī)——一同(yìtóng)、故事(gùshi)—事故(shìgù)、喜欢(xǐhuan)—欢喜(huānxǐ)、乡下(xiāngxia)—下乡(xiàxiāng)。

由此可以看出,绝大部分同字词异序后语音不发生变化,字序变换后语音发生变化的只占 13.46%,而且只是声调发生变化,而声母和韵母均保持不变。值得注意的是,在这些语音发生变化的词语里面,有 6 个词(占总数的 85.71%)在第二个音节上由于习惯原因而读轻声。轻声这一语音现象在对外汉语教学中是一个难点,也是一个重点,但是对于这一语音知识的介绍和讲解必须考虑学生的实际水平,所以一般来说在学生基本掌握汉语拼音后引入最为合适。

（二）词性分析

表 2　"AB"式变为"BA"式前后词性分析表

BA 词性 AB 词性	名词	动词	副词	形容词	名/形
名词	18	3	1	1	1
动词	4	11		2	1
副词		1		1	
形容词	1	1	1		
连词			1		
名/形	1				
名/副/动		1			

注：①词性分析依据的是《现代汉语词典》第 7 版；②兼类词只统计较常用的词性。

从表 2 中可以看出，52 对同字异序词中，前后词性完全相同的有 30 对，占 57.69%，其中有 11 对前后两词都为动词，有 18 对前后两词都为名词，有 1 对前后两词都为副词。此外，前后部分词性相同的有 4 对，它们分别是"科学"（*n.* /*adj.*）—"学科"（*n.*）、"黄金"（*n.* /*adj.*）—"金黄"（*n.*）、"工人"（*n.*）—"人工"（*n.* /*adj.*）、"来回"（*v.* /*adv.* / *n.*）—"回来"（*v.*）。

在所有的"AB"式中名词有 27 个（包括兼类词），其所对应的 BA 式有 22 个（也包括兼类词）；在所有的"AB"式中动词有 19 个（包括兼类词），其所对应的"BA"式有 12 个（也包括兼类词）。由此可见，双音名词和动词字序对换后，词性以不变为主流。

（三）意义分析

这里将考察 52 对同字异序词之间的语义联系，对 52 对同字异序词进行分类，分类的主要依据是词的理性义，具体归类情况如下。

1. 词义相同的，共 4 对（占 7.69%）

代替—替代、讲演—演讲、力气—气力、互相—相互

2. 词义不同的，共 48 对（占 92.31%）

（1）词义相近的，共 13 对（占 25％）：

侵入—入侵、感情—情感、路线—线路、彩色—色彩、达到—到达、
担负—负担、合适—适合、喊叫—叫喊、来往—往来、弟兄—兄弟、
光亮—亮光、欢喜—喜欢、开展—展开

（2）词义有关的，24 对（占 46.15％）：

变质—质变、回收—收回、言语—语言、产生—生产、接连—连接、
称号—号称、儿女—女儿、犯罪—罪犯、蜂蜜—蜜蜂、国王—王国、
面前—前面、年青—青年、期限—限期、前提—提前、实现—现实、
私自—自私、孙子—子孙、同一——一同、下乡—乡下、心中—中心、
黄金—金黄、科学—学科、点钟—钟点、对面—面对

（3）词义无关的，11 对（占 21.15％）：

不要—要不、出发—发出、动机—机动、度过—过度、法语—语法、
工人—人工、故事—事故、回来—来回、会议—议会、来历—历来、
人生—生人

由此可见，尽管绝大部分同字异序词在意义上不同，但大多数同字异序词之间还是有联系的，这些词语也正是教学的难点所在。

（四）字序变换后两词在词性和意义上的对应关系

1. 词性相同、意义也相同的有 4 对（占 7.69％）

代替（$v.$）—替代（$v.$）讲演（$v.$）—演讲（$v.$）
力气（$n.$）—气力（$n.$）互相（$adv.$）—相互（$adv.$）

2. 词性相同、意义不同的有 26 对（占 50％）

（1）词性相同、意义相近的有 11 对：

侵入—入侵、达到—到达、担负—负担、喊叫—叫喊、来往—往来、
开展—展开、感情—情感、路线—线路、彩色—色彩、弟兄—兄弟、
光亮—亮光

（2）词性相同、意义相关的有 10 对：

回收—收回、产生—生产、言语—语言、儿女—女儿、蜂蜜—蜜蜂、
国王—王国、面前—前面、孙子—子孙、点钟—钟点、心中—中心

（3）词性相同、意义无关的有 5 对：

法语—语法、故事—事故、会议—议会、人生—生人、出发—发出

3. 词性不同、意义不同的有 22 对（占 42.3%）

（1）词性不同，意义相近的有 2 对：

合适—适合、欢喜—喜欢

（2）词性不同、意义相关的有 14 对：

年青—青年、变质—质变、乡下—下乡、对面—面对、犯罪—罪犯、接连—连接、称号—号称、期限—限期、前提—提前、私自—自私、实现—现实、黄金—金黄、科学—学科、回来—来回

（3）词性不同、意义无关的有 6 对：

不要—要不、度过—过度、工人—人工、来历—历来、一同—同一、动机—机动

四、汉语国际教育教师应掌握的关于同字异序词的教学方法

（一）辨析方法

（1）对于（四）1 中的 4 对词性相同意义也相同的词语（代替—替代、讲演—演讲、力气—气力、互相—相互），由于它们基本可以互换，只是在使用频率和语体上有细微的差别，所以对于留学生而言可以不纳入辨析的范畴。

（2）对于（四）2 中的 26 对词性相同意义不同的词语，要分情况对待：其中意义无关的 5 对（法语—语法、故事—事故、会议—议会、人生—生人、出发—发出），由于意义无关，留学生一般不会弄混；意义有关的有 21 对：其中词性相同、意义相近的有 11 对词语（侵入—入侵、达到—到达、担负—负担、喊叫—叫喊、来往—往来、开展—展开、感情—情感、路线—线路、彩色—色彩、弟兄—兄弟、光亮—亮光）；词性相同、意义相关的有 10 对词语（回收—收回、产生—生产、言语—语言、儿女—女儿、蜂蜜—蜜蜂、国王—王国、面前—前面、孙子—子孙、点钟—钟点、心中—中心）。由于这 21 对词语同中有异，有的英语译文甚至完全相同，差异细微，既是教学的难点，同时也是辨析的重点。

在这 26 对词语中，词性相同、意义相近的 11 对词语又是其中的重中之

重，辨析这些词语的着眼点主要是意义。例如：

"路线"——"线路"

[辨析]："路线"不仅可指具体的道路，如"回家的路线"，也可用于抽象含义，与思想、政治等方面的抽象词语相搭配，其中抽象义是具体义的引申；而"线路"则倾向于具体含义，且与道路无关，指管道网线，经常与生活中的交通、通信等方面的具体词语相搭配。

再如：

"产生"——"生产"

[辨析]：两者都反映了事物从无到有的出现过程。从词性上看，"产生"是动词，"生产"兼作动词和名词，且"生产"作动词所接宾语多指具体事物，而"产生"的宾语则可以是抽象的；另外，"产生"不能做主语，而"生产"可以做主语，且"产生"的对象不一定符合行为人的目的，"生产"则是在主观可控条件下进行的。

（3）对于（四）3 中的 22 对词性不同意义不同的词语，也要分情况看待。其中（3）中的 6 对词语由于意义无关，留学生一般不会弄混；而（1）、（2）中的 16 对词语由于异中有同，所以意义相近和相关的词语特别容易弄混，因而它们应作为辨析的重点。例如：

"合适"——"适合"

[辨析]：对于这类词，首先要说明的是它们在词性上的不同，然后介绍各自所充当的语法成分以及作该成分的限制条件。具体而言，两者都表示与客观情况和客观要求相符合，但"合适"是形容词，而"适合"是动词；且"合适"可以做宾语、补语和定语，而"适合"则不可以。

（二）教授方法

1. 强化字序意识，加强对汉语语序重要性的认识

众所周知，汉语由于缺少严格意义上的形态变化，所以语序和虚词是表达语法意义的主要手段。在对外汉语教学中，教师历来比较重视词语与词语之间的组合教学，却较少关注词语内部的字序问题。一个词语的词义主要由字义、结构和字序这三大因素决定，而当字和结构都相同时，词义主要由字序来决定。所以，在对外汉语词汇教学中有意识地培养学生的字序意识，不

仅能加深学生对同字异序词的认识，而且能让学生对"汉语中的语言单位的组合顺序决定语义"这一特点有更深刻的认知和理解。

2. 以旧带新、对比教学

在对外汉语词汇教学中，应根据学生的实际情况"因材施教"。首先，词语的释义应当与课文内容紧密相连，充分利用课文的语境对词语的用法特点和附加义进行恰当解释，并在此基础上"以旧带新"关注词语的辨析，以减少对已学词语的干扰；其次，要用具体的语言实例引导学生从语境的角度去理解词义，掌握词语的语法意义。尤其是在中、高级阶段，随着词语意义的复杂化，词性与句子成分之间的关系更趋复杂，词语的语法意义也应直接落脚与词语所在句子中所做的成分上。只有说明某个词语在句子中做何种成分，以及做该成分的限制条件，才能尽可能地减少偏误的产生。

3. 设置适当的练习

词汇教学，尤其是同字异序词语的教学，首先必须了解学生可能存在或者经常存在的问题，然后"对症下药"，对其出现偏误的地方进行有针对性的纠正和讲解。本文认为可以采用下面的练习方式来增强教学针对性，提高学习效率：

（1）字形、字音对应练习：具体的练习方式是给出词语让学生注音，或者给出语音让学生填写词语。通过教学实践，我们发现在这个练习中最容易出错的是一些异序之后语音发生变化的轻声词语。

（2）选词填空：给出一个具体的句子和两个同字异序词，然后让学生选择最合适的词完成句子。

（3）分别用互相为同字异序词的词语造句：让学生自己运用所给的词语造句，最能反映对词语的掌握情况，也最容易发现学生在运用词语时所出现的偏误。

五、学生自己应具备的积极学习因素

（一）首先要培养一种积极的学习情感

具体地说，包括以下几个方面：树立学习汉语的信心，并善于发现汉语学习中的乐趣；培养对汉语学习的积极态度，要有克服困难的勇气；注意理解或宽容自己不熟悉的文化，遇到问题主动向同学和老师请教。

（二）寻找适合自己的有效的学习方式

例如，树立学习环境、材料多元化的思想，以教科书为主，但不拘泥于教科书，充分利用广播影视节目、网络、报纸杂志、工具书等各种资源和途径获得更广泛的汉语信息，扩展所学知识。

（三）采用多种记忆策略，加深对汉语的感性认识

对于留学生来说，学习中最大的困难就是汉语字词的记忆，因此寻找高效的记忆方式尤为重要。例如，在最佳的时间段（一天的早、晚两端）制作生词小卡片，随身携带，采取零打碎敲、游击战等方式记忆字词；运用循环记忆法，强化词语记忆；采用对比联想等记忆的方式记字词。

（四）在实践中掌握汉语语词

对外汉语教学的目的是帮助学生使用汉语进行交际活动，而不只是教会学生学习汉语的既有规则，所以一定要鼓励学生在实践中使用汉语，这样他们才能真正掌握汉语。作为将汉语作为第二语言学习的学生，应努力克服害羞和畏难的心理，抓住一切机会不断地进行大量练习，以此来提高汉语水平。

六、结语

本文认为在对外汉语教学中，"AB—BA"这类词应当称为"同字异序双音词"而不是"同素异序双音词"。对外汉语中同字异序双音词的教学范围应当以《汉语水平词汇等级大纲》为主要依据，以留学生学习所在地使用频率较高、极具地方特色的与普通话互为同字异序的方言词语作为补充。对外汉语教学，尤其是"同字异序双音词"的教学是一个涉及对外汉语教师和外国留学生两方面的问题，所以要从根本上提高教学效率，教师和学生都应从自身方面积极努力。

参考文献：

[1] 叶长荫. 同素反序词及其在对外汉语教学中的应用 [J]. 北方论丛，2001（6）.

[2] 张瑞朋. 现代汉语中的同素异序词 [J]. 语言研究，2002 年特刊.

［3］马显彬. 同素异序词成因质疑［J］. 湛江师范学院学报，2004（10）.

［4］王伟. 现代汉语同素异序词浅论［J］. 枣庄学院学报，2005（6）.

［5］刘枫. 从 HSK 同素异序词看对外汉语词汇教学［J］. 云南师范大学学报，2007（5）.

［6］姜黎黎. 汉语同素异序词的界定及思考［J］. 牡丹江师范学院学报（哲学社会科学版），2012（6）.

［7］国家汉语水平考试委员会办公室考试中心. 汉语水平词汇与汉字等级大纲（修订本）［Z］. 北京：经济科学出版社，2001.

［8］周荐. 汉语词汇结构论［M］. 上海：上海辞书出版社，2005.

［9］朱芳华. 对外汉语教学难点问题研究与对策［M］. 厦门：厦门大学出版社，2006.

［10］鲁健骥，吕文华. 商务馆学汉语词典［Z］. 北京：商务印书馆，2006.

［11］中国社会科学院语言研究所词典编辑室. 现代汉语词典（第 7 版）［Z］. 北京：商务印书馆，2016.

作者简介：

　　王娇娇，四川大学文学与新闻学院在读博士研究生，西华师范大学文学院讲师，主要研究方向为现代汉语语法及汉语国际教育。

也谈国际汉语师资的培养模式 *

徐 蔚

四川大学海外教育学院

摘　要：要解决国际汉语师资缺乏的问题，应进一步树立应用性、针对性相结合的发展理念，不断创新国际汉语师资培养模式，即突出应用性，注重教学能力的培养；突出针对性，注重不同类型不同的教学方法；突出发展性，建立相应的评价体系。

关键词：汉语师资；培养；培训

On Training Modes for International Chinese-language Teachers

Xu Wei

School of Overseas Education，Sichuan University

Abstract：In order to solve the problem of the shortage of international Chinese-language teachers，we should further set up the development concept of combination of applicability and pertinence，and constantly innovate the training modes of international Chinese-language teachers. That is，highlight the application，pay attention to the training of teaching ability；highlight specific target，pay attention to different types of teaching methods；highlight the development and establish the corresponding evaluation system.

＊ 本文获四川大学中央高校基本业务费研究专项项目（项目编号：SK9201121）资助。

Key words：Chinese-language teachers；cultivation；training

　　近年来，汉语国际推广事业发展迅速，但同时也遇到了缺乏优秀汉语师资的瓶颈。解决这一问题的有效途径，就是大力加强高校汉语国际教育硕士的培养工作。早在 2007 年，为了适应全球化背景下汉语国际推广的国家战略，国务院学位委员会设置了汉语国际教育硕士专业学位，于 2009 年发布了《全日制汉语国际教育硕士专业学位研究生指导性培养方案》（以下简称《培养方案》），并于同年开始招生培养工作。目前已有包括四川大学在内的112 所高等院校参与此项工作。在国际汉语师资的培养中，应进一步树立应用性、针对性相结合的发展理念，不断创新国际汉语师资培养模式。

一、突出应用性——注重教学能力的培养

　　国际汉语师资培养首要的一条，就是要具备实际的可操作性，即注重人才培养的应用性。首先要学习和借鉴其他语种（英语、法语、西班牙语、日语等）第二语言师资培养模式，实施分类分层分科教育培训。

　　国际汉语师资培养要适应不同国家和地区、不同层次和不同机构对师资的实际需要，就必须建立一套海内外协调的、稳定的、高效能的汉语师资培训体系，还要求汉语教师具备较迅速的反应能力和调整能力。这既有利于汉语教师队伍的本土化建设，真正实现汉语教师的"量产"，又能为汉语国际推广事业的健康发展提供坚实的人才支撑。

　　其次要区分师资教育和师资培训。师资教育主要传授与外语教学相关的语言学课程，即应该知道教什么（基础知识与基本技能），这类课程讲汉语本体知识，但不同于研究型人才培养课程，不是照抄照搬本体语言学课程，而是切实为指导汉语教学服务。师资培训一般是指提供与课堂教学直接有关的实际技能的训练，即应该怎么教（教学方法与技巧）。师资培训注重教学能力的培养，比如教学方法和教学策略、语言要素教学、跨文化交际等。在国际汉语师资培养的不同阶段，应根据需求进行师资教育和师资培训。

　　一般来讲，基础阶段的培养应以师资教育为主，这部分培养内容现阶段主要依靠汉语国际教育专业硕士在校学习期间的课程来完成。从《培养方案》来看，课程体系中有一类是汉语言文字知识课程，但其所占比例并不高。考虑到汉语国际教育硕士不同的本科专业背景，可以适当提高汉语言文

字知识课程所占比例，强化本体知识基础。当然，这类课程讲授的内容和重点与汉语言专业不同，它更重视实践，突出的是应用特色。以汉外语言对比课程为例，该课程并不追求两种语言系统的全方位对比，而是根据人才培养的实际需要，侧重于基于偏误分析的汉外语言对比，比如习得偏误引导下的汉英对比语法课，可以提高汉语教师对汉语本体知识和学生母语知识背景的了解，预估英语背景的汉语学习者受母语负迁移影响容易出现的错误，也可以在学习者出错后及时纠正并解释清楚。

《培养方案》还有教育、管理和外语类课程，汉语作为第二语言教学相关理论及文化类课程，如"外国教育心理学""国外中小学教育专题""儿童心理发展与成长""汉语作为第二语言教学""第二语言习得"等。

除此以外，师资培养还应关注国外教学新理念，不断更新教学内容。汉语国际教育硕士培养的面向海外教学第一线的教师，因此承担汉语国际教育硕士课程教学的教师应当随时关注国外外语和第二语言教学界动态，尤其是汉语教学的最新研究动态，紧跟国外教学新理念，不断更新教学内容。比如美国 1996 年制定的国家课程标准——"外语学习标准：为 21 世纪做准备"（*Standards for Foreign Language Learning in the 21st Century*）。它将美国 21 世纪的外语学习目标归纳为 5 个以字母 C 开头的单词，简称为"5C"标准。"5C"标准不但体现了当代最新语言习得理论，也代表了美国 21 世纪外语教育改革和发展的方向，对美国 21 世纪包括汉语教学在内的外语教学产生了深远影响。最近几年美国外语教学界又提出了如"反向课程设计""综合性评估体系"（Integrated Performance Assessment，简称 IPA）等最新理念，应及时将这些理念融入教学体系当中。

完成基础阶段的培养以后，国际汉语教师派出前的岗前集中培养应以师资培训为主。一般来说，岗前培养时间在一个月以内，更加注重短时间内教学能力的提高。比如教学方法和教学策略、语言要素教学、跨文化交际等。岗前培训课程可以设置如"国外中小学教育专题"等短期专题课程，介绍国外中小学课堂管理内容，公立学校、私立学校在教学管理方面的不同，对教师要求的不同，教学目标的不同及如何协调同事之间的关系等，并提供案例分析。又如"国外汉语课堂教学案例研究""跨文化交际""国别地域文化""文化冲突域文化传播""社交与礼仪"等专题课程。这些课程应具有应用特色，如"国外汉语课堂教学案例研究"可以采用观看国外教学视频的方法，弥补教学理论抽象的不足。观看后教师组织学生进行分析和讨论，让学生对针对不同对象、不同年龄、不同层次的不同课型都有所了解，并详尽分析每种课型的不同特点、教材的选择和使用以及适用的教学法，让学生获得直观的感性认识，从而加深对教学理论的理解。文化类课程也应该突出应用性，如"中华文化传播"不是普通的文化知识型课程，而是重在如何在汉语教学中传播中国文化；"跨文化交际"也并不是单纯地谈跨文化交际，而是从实际案例出发，注重跨文化交际与第二语言教学的关系。这些专题课程都有助于教学能力的提高。

此外，国际汉语教师的岗前培训还可以借鉴国外知名高校来华暑期汉语言强化课程的岗前培训模式，其培训模式的特点就是集中、强化，强调在实践中学。以普林斯顿北京班为例，每年招聘兼职教师 55～60 名，培训时间为一周，内容包括讲解教学原则、具体标准，示范课、集体点评、反复试讲及点评分析，一周后开始正式上课，然而培训并未就此结束。可以说，其教师培训贯穿课程始终，后期的培训方式有集体备课、互相听课、每周换班等。参加过这些暑期项目的教师教学能力在短期内得到迅速提高，可见其培训方式是非常有效的。在海外汉语师资的岗前培训中，我们可以借鉴这些培训经验，通过集体备课、观摩课、定期研讨会等多种方式进行持续性培养，打破教学、实践的界限，构建教学、实践相结合的教学体系。

二、突出针对性——不同类型不同的教学方法

国际汉语师资培养还要注重人才培养的针对性，要针对不同的年龄段、不同的国家地区、不同的文化背景，做到有的放矢，从而取得良好效果。因此，《国际汉语教师标准》（2015 版）有"汉语教学方法"和"教学组织与课堂管理"部分，针对此，该标准对国际汉语教师提出了明确要求。岗前集中培训应根据派出地和派往学校类型、所在地文化、语言环境、教学对象的不同等进行针对性的教学法、教学管理等方面的培训。

首先，全世界汉语学习人数不断增加，年龄段分布也非常广泛，所以针对性的教学方法是十分必要的。比如，16 岁以下儿童和成人汉语教学方法差异就非常大。青少年学习者的年龄特征与大学留学生的成人学习者有很大不同，其学习情感因素对学习过程的影响更为强烈和直接，而且需要更多的直接参与，活动的直观性、趣味性更强。其次，具体外语语境中的汉语教学，不但应遵循语言教学的一般规律，也受制于当地的社会习俗及文化心

理，因而对教师的工作方式及能力等均有不同于国内的特定要求。比如美国的汉语教学环境要求中方教师兼有合作教学和独立教学的能力。除了掌握汉语知识、教学法以及学生母语外，中方教师还面临着从心理调适到制定大纲、评分、因材施教、运用电脑、熟练掌握多媒体等一系列挑战。

三、突出发展性——建立相应的评价体系

国际汉语师资培养并不是一次性的培养，而是具有发展性的、可持续的培养。对于在职教师而言，要一刻不停地学习和提高自身的专业素养和综合素质，这需要培养教师的自我发展意识，使其提高自主学习意识和自主学习能力。

首先，要促进在岗教师的多元能力发展，除了课堂教学、集中培训外，还应该依托所在学校和孔子学院及汉语教师培训网络平台来进行有效的学习和补充。

除了定期集中培训以外，促进在岗教师教学能力发展的具体形式还可以包括以下几类。第一，组织新教师观摩有经验教师的课堂。许多研究已经表明，有经验教师在教学管理、教学方法等方面要优于新教师，因此，让新教师在任教前、任教期间有计划地观摩有经验教师的课堂，并撰写听课日记，将有助于新教师提高教学能力。第二，专门的指导教师听课及反馈。新教师还缺乏对自己课堂的理性认识，理论知识还未真正应用到课堂实践中去，而且教师自己还没有意识到这个问题，这就需要专门的指导教师去听课、观察并反馈意见，指导教师应该是有经验的老教师。第三，注重反思教学，国际汉语教师要具有较强的自我观察能力，善于自省，通过记教学日记、建立教学档案，进行教学录像或教学录音，反思自己的教学，发现教学中存在的不足和问题，及时更正和补救，并为今后的教学提供经验或启示；同时，反思还可促使教师更新观念。

其次，要有效规范海内外汉语师资管理，努力形成并建立一整套系统的、科学的、具有引导性的在岗教师发展性评价体系。在教师在岗期间，相关人员要共同协作，建立分类指导的管理模式。与在岗汉语教师定期沟通与交流，对教师在教学中遇到的困难及时给予帮助。国内外教学单位要做到有效的动态监控和管理，通过教师提交的教案、教学案例、教学录像、课件等教学资料及中期报告、教学实践记录、总结报告等，对在岗教师进行综合评

估和考核。通过发展性的评价，为在岗教师建立有效的业务指导目标系统，一方面能促进业务能力的有效提高，另一方面又可以快速有效地规范并提高教学组织水平。同时，这种评价体系应该是多向评估，包括师生、生生评价，方式包括问卷、测试、座谈、教学实践等。

　　总之，国际汉语教师培养必须直面新形势下的海外汉语教学，结合既有教学经验、现阶段海外汉语教学的实际、第二语言教学的基本理论和现有研究成果，牢固培育和树立更加开放、灵活、科学的教师素质观。只有这样，才可能在师资培训工作中坚持更加全面、适宜的人才观，为汉语国际推广事业选拔、培养更有时代精神和创新意识的教师队伍。

参考文献：

［1］国务院学位办. 全日制汉语国际教育硕士专业学位研究生指导性培养方案 ［D］. 2009.
［2］孔子学院总部，国家汉办. 国际汉语教师标准 ［D］. 2015.

作者简介：

　　徐蔚，四川大学海外教育学院副教授，主要研究方向为汉语作为第二语言教学。

Extempore 在对外汉语口语教学中的应用探索[*]

于 婧

四川大学海外教育学院

摘 要：由于课堂时数有限、语言环境缺乏与对象等客观条件的限制，学生口语练习不足，因此笔者将 Extempore 应用到对外汉语口语课堂，很大程度上解决了上述问题，并提高了课堂效率和学生的口语水平，减轻了教师的工作负担。本文首先介绍了 Extempore 的使用和操作方法、基本功能以及用户界面；然后重点介绍和分析了美国普及湾大学中文项目将 Extempore 应用于汉语口语教学、练习和评估的具体案例，并深入分析了其特点和优势，希望推广其在国内汉语教学中的使用，提供教学新方法和新思路。

关键词：对外汉语教学；Extempore；口语练习与评估；应用案例

Application of Extempore in Chinese Language Teaching and Learning

Yu Jing

School of Overseas Education，Sichuan University

Abstract：Extempore，a speaking practice and assessment tool，without wasting class time，makes frequent and effective oral assignments and various speaking activities in one platform in order to improve

---

* 本文获得 2018 年四川大学中央高校基本业务费项目 "'韩流'文化下韩语汉字词的回流现象研究"资助。

students'oral language. This article first introduces what Extempore is，how to use it and its basic functions. Next，the article shares and analyzes many cases of how Extempore is used in Chinese language teaching and learning at University of Puget Sound Chinese Program，such as for pronunciation practice，multiple speaking activities，presentation，group work，tests and assessment.

Key words：Chinese Language Teaching and Learning；Extempore；Speaking Practice and Assessment；Application Case

一、引言

在对外汉语口语教学和练习中，一线教师们往往会面临这样几个问题：学生在有限的课堂时间内缺乏足够的听说练习，海外汉语学习者尤其缺乏口语练习的对象和机会，教师在课下很难做到随时随地给予学生反馈与指导，等等。将新兴的口语教学辅助工具——Extempore 应用于汉语口语教学和练习，能够在很大程度上解决上述问题，不仅能够提高课堂的教学效率和学生的练习口语的自主性及兴趣，也能保证课内外的口语练习时间和机会，使语言输入和输出不再受地点、对象等物理条件的限制。作为现代化的教育科技手段，Extempore 不仅顺应了新科技在汉语教学上广泛应用与发展的整体趋势，也符合新时期学生的特点——他们是"数字原住民"，生长于网络和数字化等新兴社会交际模式中，并且这种模式已渗入到其认知和习得的学术环境中（Bennett，Maton & Kervin：2008）。

二、Extempore 简介与使用

Extempore 由语言教学者参与设计，于 2015 年问世，是一款新兴高效的口语练习与测评工具。短短三年时间，Extempore 已拥有超过 1 万名教师用户，被广泛应用于包括哈佛大学在内的美国 K-12 和高校的语言教学之中。2017 年，Extempore 正式在美国外语教学年会（ACTFL，The American Council on the Teaching of Foreign Languages）上亮相，参加了该会议下设的"初创公司创新成果比赛与测试"，受到了会议委员会专家和在场教师的一致好评。

Extempore 非常方便，有网页^①和手机软件两个版本，在电脑、手机、iPad 等移动设备上都可操作使用。教师需以教师（instructor）的身份注册（主账号教师用户可邀请其他多位教师身份用户），免费账号有 30 天试用期，付费账号则根据学生人数或课程数量计价收费（见图 1）。

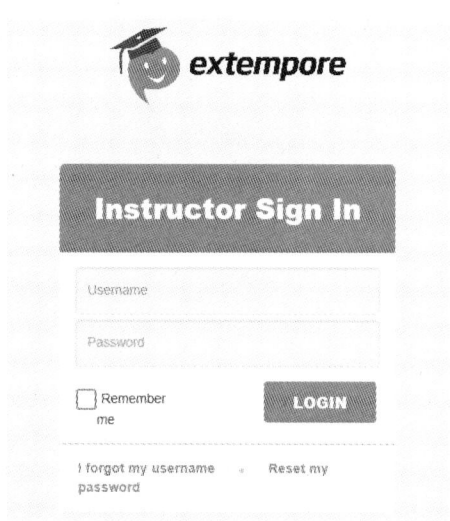

图 1 Extempore **登录界面**

教师登入账号后，会看到界面上方的三个项目栏："Classes，Grading，Gradebook"。

1. Classes：班级、习题/任务、评估准则等的创建与编辑

点击"Create class"进入班级创建界面，输入班级名称，也可根据需求上传班级图标以区分于其他班级及凸显个性。创建班级后（见图 2），便可开始在"Add assessments"之下为该班级创建任务，包括该任务的标题、起止时间、学生上交的文件格式等基本内容（见图 3）。

---

① https：//extemporeapp．com/

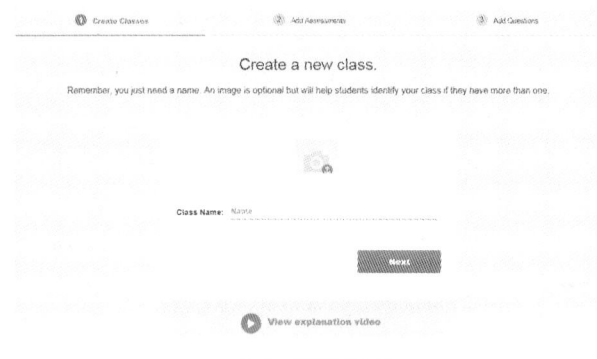

图 2　班级创建

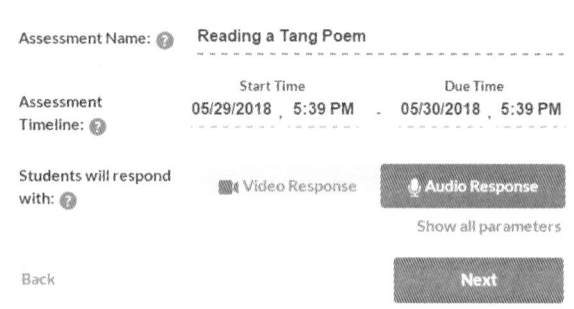

图 3　习题/任务及评分准则设定

在"Show all parameters"下拉菜单中，教师还可以设定更多的详细参数项，例如，设置具体分数值和各项评分标准，限定学生读题和回答的时间，是否允许多次录音或录影，何时可以查看自己的分数与结果等。

在"Add question"界面中设置题目的具体内容和要求，可直接输入文字，也可上传本地文件（支持图片、音频、视频等多种格式），还可即时录音或录影，题目数量不限。所有设定完毕后，进入下一步，屏幕中会出现一条网址链接，将此链接复制并通过电子邮件发送给学生，学生便可通过电子邮箱注册个人账号并获得访问权限，加入该班级及项目进行口语练习。

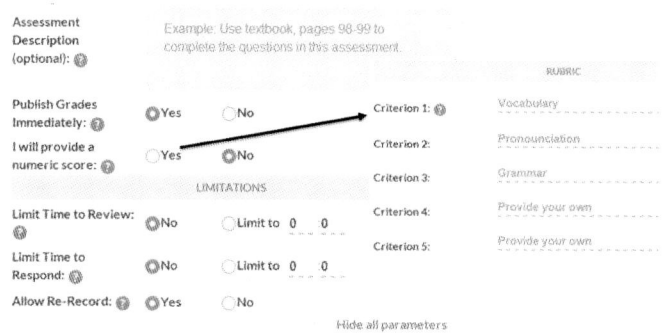

图 4　更多详细参数项设定

2．Grading：对学生上传的录音或录像进行评估、打分与反馈

在评估界面（Grading）中，教师点击右边的"View"选择所要评估的班级及任务，可查看到学生列表、已交和未交人数（见图 5）。然后，选择要查看的具体学生，同样点击"View"进入其个人界面。听取或观看学生的录音或视频后，根据具体评分细则打分，并可针对该学生输入个性化的评价和反馈（见图 6）。

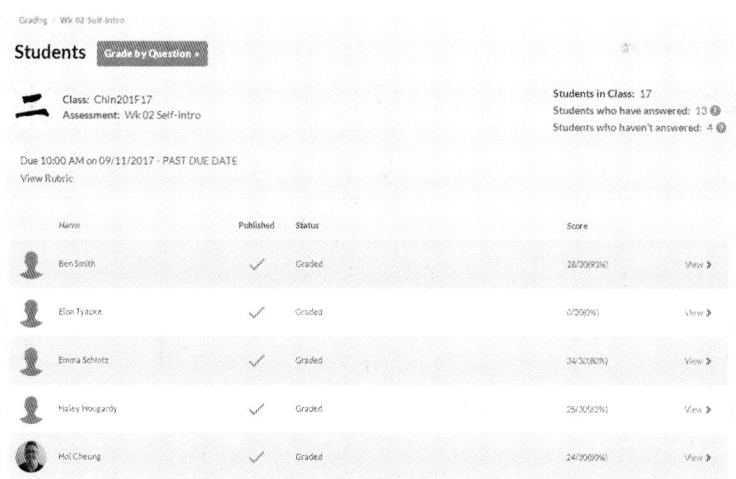

图 5　全班学生任务/练习的完成情况

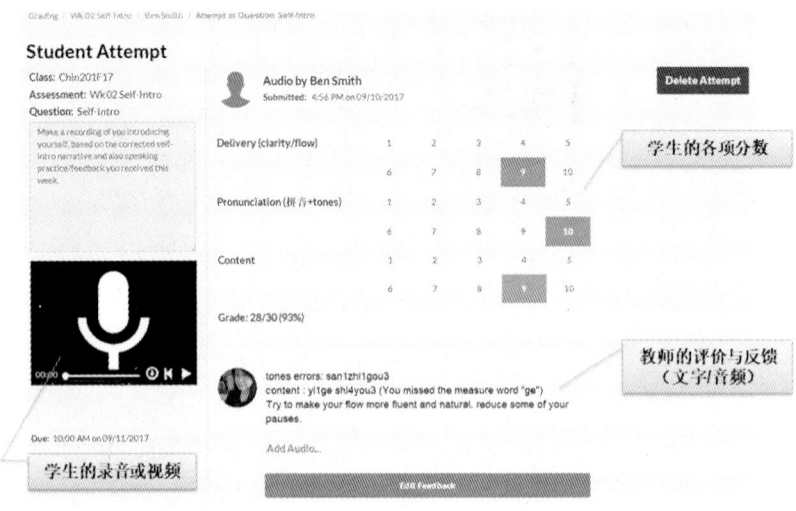

图 6　学生个人评分界面

3. Gradebook：成绩簿，用于学生成绩的查询和管理。

学生每次任务的分数和结果会自动保存在成绩簿上。用户可通过筛选教师和班级来查询学生的成绩，然后点击右上方的"Export to Excel"，学生成绩记录便会以 Excel 文件格式导出并保存。（见图 7）

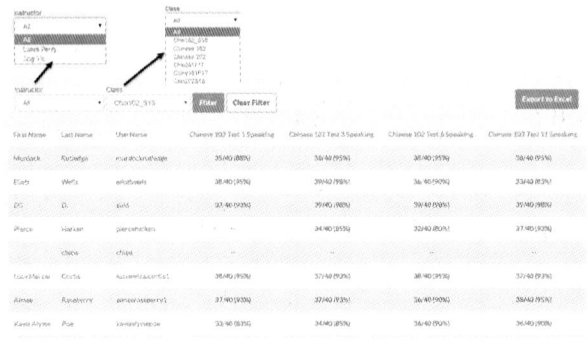

图 7　成绩簿

三、应用 Extempore 于对外汉语教学的案例

笔者于 2015 年至 2018 年在美国华盛顿州孔子学院的合作教学点——普及湾大学（University of Puget Sound）中文项目任教，各班级人数从 8 到

18 人不等，常见的口语教学问题和情况如下：

（1）因课时数有限，学生口语练习不足，且教师很难逐一与学生练习并纠错；

（2）学生虽可在课外找学生助教练习口语，但时间和强度仍然不够，且主动性较低；

（3）学生中文学习背景、口语程度及语言灵敏度等差异较大；

（4）课堂上的听力练习也因时间有限而造成重复度低、效果较差甚至枯燥乏味等问题。

针对以上问题并结合学生的实际需求，中文项目组于 2017 年决定对中文一、二年级学生使用 Extempore，以增加在课堂内外练习口语的机会，提高学生语言学习的能动性和课程趣味性，加强其语言组织能力、流利度、准确性、沟通技巧及逻辑思维能力等。具体教学应用案例如下。

1. 发音练习与录音作业

教师可提前制作配合教学和课程内容的录音作业，让学生练习发音。设计内容以单字、词汇或短语为主，重点在于训练学生发音的准确度，但是练习量不宜过多，以避免练习流于机械性和枯燥乏味，同时也不应占用学生过多的课外时间。对于初级班的学生，教师在布置练习任务时可以通过文字结合音频或者视频（学生可清楚看到发音嘴型），让学生更加生动地进行模仿和发音，并可将自己的录音与正确发音进行对比和修正；同时，任务应设定为允许学生反复录音与练习，直到上交自己认为最正确的录音。而随着教学进度和学生口语程度的变化，教师可加深任务难度，如只给出汉字，让学生通过自行思考、查询和对比后，上传正确发音的录音文件。图 8 为一年级学生练习数字发音的任务（学生界面）：

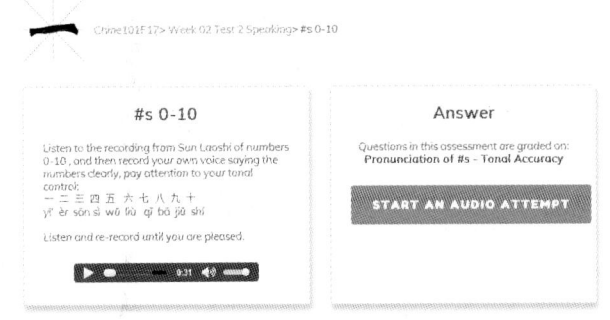

图 8　一年级学生的数字发音练习题目及录音作业要求

2. 朗读/朗诵练习

与前文中的发音练习不同的是，朗读/朗诵练习除了注重学生的发音之外，更注重学生对语段语篇的全面性把握，包括语流、语感、语速、流畅度、自然度甚至语气情感等。因此，此项练习的题型通常是课文重点语篇阅读，或是给定主题和必用句型的扩写填充朗读，又或是情感充沛、抑扬顿挫的诗歌朗诵等，不需要学生有太多的自我发挥，主要还是停留在"读"的训练上。图 9 中的案例是中文二年级某学生的录音，主题是"谈谈爱好"，基本句型已经给出，学生只需要将例文中的爱好换成自己的爱好即可。

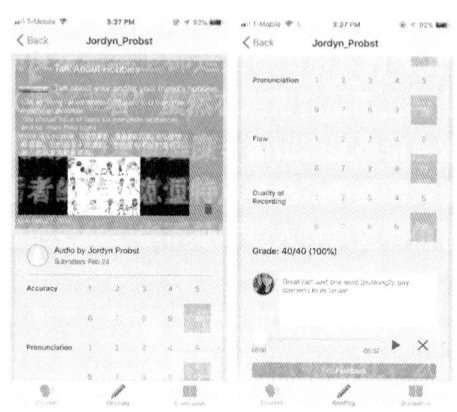

图 9　中文二年级朗读练习："谈谈爱好"（手机界面）

3. 开放性任务的口语练习

顾名思义，这类任务和练习并没有唯一的标准答案，学生根据题目的具体要求和不同的题型进行相应回答。教师则需要根据题目的设定确立训练的重点，评估要点也从语言本身扩大至逻辑思维、组织架构、情感表达等更加全面多样的能力培养。此类题型丰富多样，例如看图讲故事或图片描述，既定情境口语练习（如工作面试、购物、校园导游等），围绕某个主题阐述观点（如大学生是否应该打工及原因、大学毕业后最想做的事情等）。图 10 中的案例便属于开放性口语训练中的既定情境口语练习：学生用 SKYPE 视频通话向有意向来普及湾大学就读的中国学生介绍学校的情况，内容须至少包括课程设置、学生的日程表以及校园活动，要求使用不少于 10 个完整的句子且恰当使用连词。学生的视频应该达到上述要求，并且还应注意视频通话时应有的真实语流、语速、态度、坐姿及眼神等人际交流沟通技能。

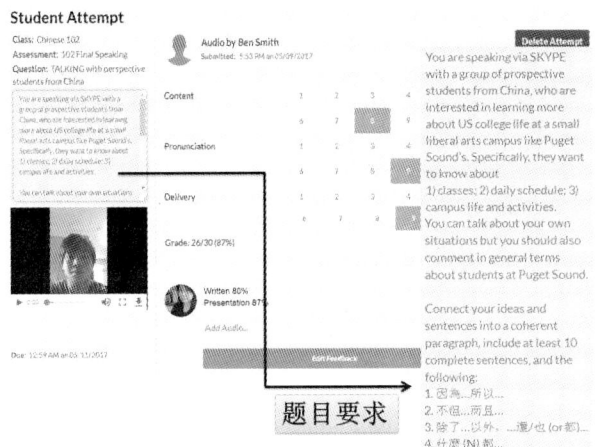

图 10　中文一年级情境口语训练：向中国学生介绍自己的学校

4. 文化报告

教师根据教学内容和进度确定一个文化主题，比如一个中国名人、一道中国菜等。学生在课堂内确定自己文化报告的内容，收集相关资料，建立生词表，然后开始撰写文化报告，经教师指导并修改，最终定稿。因为文化报告要求学生脱稿背诵，所以报告不宜过长（不超过 2 分钟），内容也不宜太难，并且应符合口头报告的文体特点。

依照上述教学思路，图 11 和图 12 中的案例是 2017 年中文二年级秋季学期的期末报告，主题是"饮食文化"，要求学生介绍一道菜。在确定了报告的终稿之后，教师创建了两个任务：任务一为录音练习，朗读或背诵都可，主要帮助学生改正语音语调方面的问题，并及时给予反馈（见图 11）；任务二则是正式的文化报告，学生录制报告视频并上传，时长不超过 2 分钟（见图 12）。录制视频时，除了语言表达和内容，学生还应注意报告和演讲的要点，如仪态、表情、眼神、感染力等，同时还要注意视频的画质和音效，加入自身的创意及道具的使用。

5. 小组合作学习

虽然 Extempore 的主要交互模式是学生—机器、学生—教师，但其也可以用于学生—学生的交互模式训练，即小组合作学习。以中文二年级为例，教师将学生分成若干小组，每组两人，要求学生将课本上的一段叙事性段落改写成对话，分角色朗读并录音。整个过程中，同组学生都需要互相合作与讨论，共同完成该项任务，这样不仅可以丰富学生口语练习内容，加强其交流沟通的能力，也可以培养其团队合作意识。关于具体操作方法，同组学生可以同时打开各自的 Extempore 进行录音并提交，教师可根据每个学生的不同表现打分或者以小组为单位进行评价。此外，小组合作学习还可以采用话题讨论、情景模拟、辩论等多种形式。

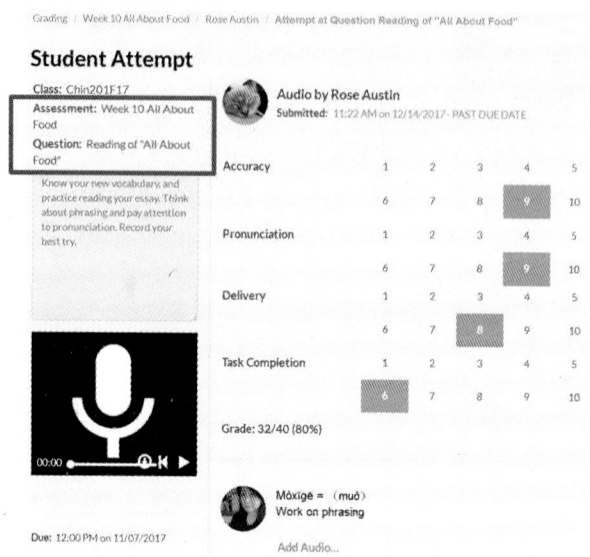

图 11　二年级饮食主题文化报告任务一：朗读录音练习

图 12　二年级饮食主题文化报告题目（学生界面）

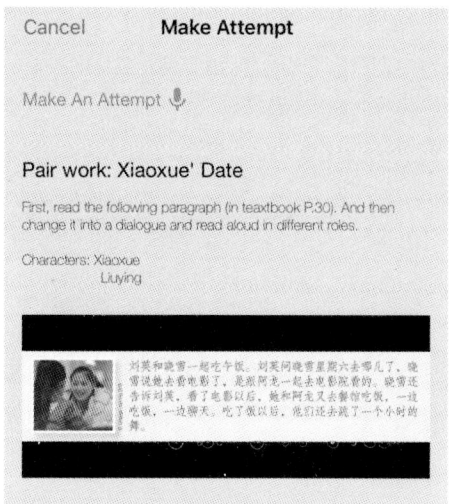

图 13 二年级小组任务：改写与角色朗读

6. 听力练习

上述各种口语任务和练习题目中的所有录音和视频都是教师亲自录音、录像或搜集并制作的汉语真实语料（authentic materials），因此，学生完成任务的过程本身就是练习听力的过程。不仅如此，教师还可以针对听力训练设定相关的练习。图 14 中的案例是中文二年级下册的听力练习题，学生通过听课文录音或观看视频来理解课文内容，然后回答教师给出的问题。

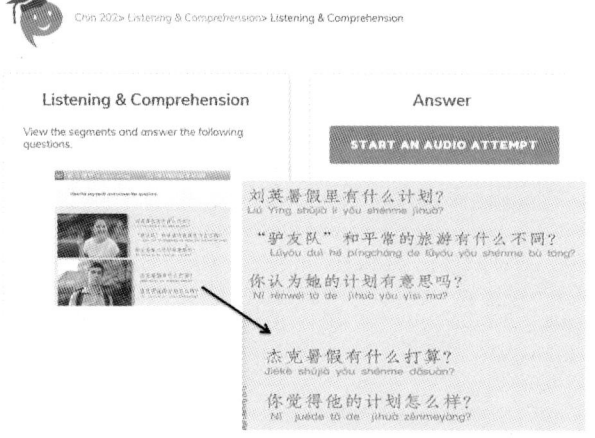

图 14 中文二年级下册视听问答练习题目

7. 口语考试与考前练习

Extempore 可用于以下两种口语考试模式：随堂考试和课下测试。传统的口语随堂考试通常采用的是教师和学生一对一的模式，会占用大量的课堂时间；同时，教师需要一边听一边做记录，难免会应接不暇。而应用Extempore 后，全班学生可通过移动设备同时进行考试（若班级人数过多，则可分成若干组，每组不超过 10 人，以免影响他人考试），这样不仅节省了课堂时间、提高了课堂效率，同时人机交流模式也缓解了学生考试时面对老师的压力和紧张情绪。在学生考试的同时，教师可更好地进行考场纪律管理；考试结束后，教师可反复仔细地听取学生的录音，给出最公正客观的分数及反馈。教师公布成绩后，学生登录可查看到自己的成绩及评价。

运用 Extempore 的课下测试则避免了教师一个个地接收学生的录音文件、查询核对学生是否按时提交、逐一给学生反馈和通知成绩等繁琐的过程，而是形成了"一站式"的考试、批改和反馈模式，十分简便和高效。

关于考前练习，教师可事先在 Extempore 上制作好一系列练习题，让学生自行练习并给出反馈。正式进行口语考试时，则可在练习题范围内选择一部分或者选取类似题型作为考题，这样学生不仅可以大范围地复习和练习本学期的教学内容，也可以缓解正式考试时的紧张情绪，提升自信心。我校中文项目从 2017 年秋季学期开始将上述方式运用于一年级的口语考试，取得了良好的效果。

8. 档案夹管理与评估

学生所有的录音或视频以及教师布置的任务、考试和作业都自动保存于Extempore，这不仅大大节省了电脑等设备的存储空间，而且还便于教师整理学生的档案以及编辑、修改相关内容。更重要的是，Extempore 动态记录了学生口语水平的进步情况以及教师的评语和反馈；同时，我校教师会定期与学生见面以讨论其口语练习进度和目标等，这与近年来学界倡导的"形成性评价方法"（Formative Assessment）中的"学习档案"（Learning Portfolio）如出一辙，即"能够表明学生某阶段的学习投入、进步和成果的作品集"（Genesee & Upshur 2001），跟踪教学过程、反馈教学信息，重视教学的过程性和发展性评估，以促进学生的口语等能力全方位发展。另外，学生也可通过 Extempore 反复听取自己以前的录音并思考教师的反馈，培养自我反思与能动学习的能力。

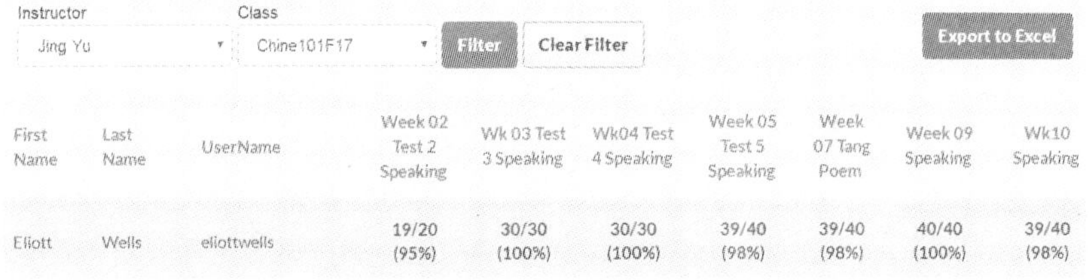

Instructor: Jing Yu　Class: Chine101F17　Filter　Clear Filter　Export to Excel

First Name	Last Name	UserName	Week 02 Test 2 Speaking	Wk 03 Test 3 Speaking	Wk04 Test 4 Speaking	Week 05 Test 5 Speaking	Week 07 Tang Poem	Week 09 Speaking	Wk10 Speaking
Eliott	Wells	eliottwells	19/20 (95%)	30/30 (100%)	30/30 (100%)	39/40 (98%)	39/40 (98%)	40/40 (100%)	39/40 (98%)

图 15　中文一年级某学生 2017 年秋季学期口语练习与测试档案

四、结语

Extempore 作为一款功能性和针对性极强的口语练习和评估工具，大大提高了对外汉语口语课堂教学的效率，为学生创造了口语练习机会且丰富了其口语练习模式，给口语教学带来了极大的便利，为新时期的对外汉语口语教学提供了新的思路和手段。运用 Extempore 创建的丰富多样的口语和听力任务与练习，全方位地辅助学生进行语言训练，涵盖了美国教育部 1996 年推出的《21 世纪外语学习标准》提出的三种交互模式，即互动交际模式（Interpersonal Communicative Mode）、理解诠释模式（Interpretive Communicative Mode）和表达演示模式（Presentational Communicative Mode），符合全球化进一步发展的大背景下的新型外语教学理念，反映了外语学习最新趋势（王若江，2006）。同时，Extempore 的档案夹功能遵循以习作为本的“形成性评价方法”，帮助教师建立数据库，发展数据驱动的评估基准，用于深入分析与科研，从而反向推动口语教学。

Extempore 的强大功能以及在对外汉语口语教学上的优势显而易见，通过我校中文项目近两年的使用与观察，笔者认为若下列问题能够得到改进，则可锦上添花。首先，虽然该软件支持中文输入，但是操作系统只有英文版，并且网页版的录音和录像功能与国内浏览器不兼容（只支持谷歌和火狐浏览器），因此，在中国国内推广使用可能会有一定难度。另外，手机版不能设置练习任务，只支持批改和成绩查询功能；视频的读取速度较慢（与网络和设备条件无关），故可支持录制上传的视频较短；教师的反馈意见目前不支持视频文件，学生无法看见教师的发音方式和口型。然而，这些不足都只是技术层面上的问题，并不影响 Extempore 在语言教学上的基本功能，相信不久后会得到改善。值得注意的是，科学技术在任何时代都不能也不应该完全取代教师的角色，因此，将 Extempore 合理恰当地运用到对外汉语口语教学（Murphy，2013），势必会获得巨大收效。

参考文献：

［1］Bennett，S.，Maton，K. & Kervin，L. The "Digital Natives" Debate：A critical Review of the Evidence ［J］. *British Journal of Education Technology*，2008，Vol. 39（5）：775－786.

［2］Chen，Joanne. Application of VoiceThread in Chinese Teaching and Learning：Some Examples ［J］. *Journal of Technology and Chinese Language Teaching*，2011，Vol. 2（1）：81－94.

［3］Genesee，F. & Upshur John. *A Classroom-based Evaluation in Second Language Education* ［M］. Beijing：Foreign Language Teaching Research Press，2001：99.

［4］Murphy，Katherine. Technology techniques：Using them the right way ［J］. *Science Scope*，2013，Vol. 36（5）：6－7.

［5］Qinghua，Li. The Impact of Portfolio-based Writing Assessment on EFL Writing Development of Chinese Learners ［J］. *Chinese Journal of Applied Linguistics（Bimonthly）*，Vol. 33（2），Apr. 2010：103－116.

［6］Wood，K.，Stover，K. & Kissel，B. Using digital VoiceThreads to promote 21st century learning ［J］. *Middle School Journal*，2013，Vol. 44（4）：58－64.

［7］刘萍. 形成性评价与语言学习 ［J］. 湖南科技大学学报（社会科学版），2015（1）：154－157.

［8］吕丽萍、王满华. VoiceThread 及其教育应用 ［J］. 现代教育技术，2010（4）：123－126.

［9］王若江. 关于美国 AP 汉语与文化课程中三种交际模式的思考 ［J］. 语言文字应用，2006：45－50.

［10］赵新波. 多媒体在对外汉语教学中应用的理论基础 ［J］. 平原大学学报，2004（6）.

［11］郑艳. 外语教学中语言学习软件使用评析 ［J］. 武汉冶金管理干部学院学报，2008（2）：56－59.

作者简介：

于婧，四川大学海外教育学院助教，研究方向为汉语本体研究、翻译研究以及教学法研究。

现代汉语

"并非"的词汇化及句法功能分析[*]

李月炯

四川大学海外教育学院

摘　要：目前，各种词典对于"并非"的词汇身份及性质认定并不统一。多数汉语词典并未收录该词条，《现代汉语词典》（以下简称《词典》）将其标注为动词。本文同意《词典》关于"并非"词汇身份的认定，但是不完全同意对其词性的认定。本文认为"并非"已经词汇化，但是在词性上，除了动词外，还有否定副词的用法。同时，一些句法上的特征表明，该词发展出了一定的关联作用。

关键词：并非；词汇化；话题性质改变；排挤作用；关联性

Lexicalization and Syntactic Function Analysis of "并非"

Li Yuejiong

School of Overseas Education，Sichuan University

Abstract：Different dictionaries do not agree on the identity and nature of the Chinese word "并非". This entry is not included in most Chinese dictionaries and is labeled as a verb in the "《现代汉语词典》"（hereinafter referred to as the "《词典》"). This paper agrees with the dictionaries about the identification of "并非"，"并非" has been lexicalized，but in terms of part of speech，there is also a negative adverb usage in addition to verbs．At the

---

　* 本文获中央高校基本业务费资助项目资助，项目名称"现代汉语否定副词语义研究"，项目编号：2018soe—12。

same time，some syntactic features show that the word has developed a certain relevance.

Key words："并非"；lexicalization；changes on topic nature；exclusion；relevance

《现代汉语八百词》（以下简称《八百词》）未收录"并非"一词，但是从《八百词》对"并"的用法注解第二条①可以知道，"并非"被吕叔湘认定为词组；《汉语大词典》等词典亦没有收录该词。这说明，这些工具书的编著者并不认为"并非"已经取得了词语的身份，而认为该词在语言中依然是词语组合或者句法层面的组合。《词典》将其标注为动词，注释如下：动。并不是。（例）他这样做并非发自内心。关于《八百词》和《词典》在"并非"词汇身份上的这个分歧，本文更赞同《词典》的注释——"并非"已经取得词语的身份。但是就"并非"的词性来说，除了动词外，本文认为"并非"在句法上还具有副词的用法，语义上具有否定作用。在复杂的话语逻辑中，常常与前后句的一些关联词形成呼应，具有"突显真相"的语篇功能。

一、"并非"的成词理据及动因

（一）"并非"的成词理据

无论是从语音上，还是从句法组合的层面上，抑或是语用特点上看，"并非"都不再是一个句法层面的组合或者短语，而是一个取得了词汇身份的语言单位。

第一，从语音上看，和"并＋不""并＋未"以及"并＋没"等现代汉语中表层结构类似的短语相比，"并非"之间的语音更加紧凑。试比较：

并非｜如此（＊并｜非如此）并｜不是这样（并｜不｜是这样）

"并非如此"中，"并非"之间不可断开，而在短语"并不是这样"中，上述两种停顿都是可以接受的。再比如以下两个句子：

例（1）人们都把属于自己时代、民族、阶级的道德原则和规范作为理

---

① 《现代汉语八百词》将"并"的用法分成两种。第一，表示两件事同时进行，或者将两件事等同对待（此处略）；第二，加强否定的语气，放在"不""没（有）""未""无""非"的前面。常用于表示转折的句子中，有否定某种看法，说明真实情况的意思。详见吕叔湘：《现代汉语八百词》，商务印书馆，1999。

所应当的道德标准，然而并非（＊并｜非）所有的这些道德原则和规范都是合理的，道德需要一个客观的标准来对所有的这些道德原则和规范进行评判，确认哪些是优良的道德。

例（2）事实证明，这种失去了自身规定性的教育，并｜没能很好地为社会发展服务，反而带来了诸多消极影响。

例（1）中的"并非"在语感上是一个整体，无停顿，而例（2）中的"并"和"没"之间的停顿完全可以接受，因为"并"和"没"的结合不比"没"和"能"的结合更紧密。而语音上的不可停顿性是判断两个语素是否成词的标准之一[①]。

第二，从意义上看，"并非"不具有可分析性。"并非"一词的意义是比较透明的，"非"的意义为"不是"。但是实际上，"并非"在句子中的语义并不等同于两个语素的简单相加。请看下面两例：

例（3）仙家有一派流传，要度脱凡人成仙，必要此人死于刀兵，可脱凡胎，这就名为兵解，并非是旁门左道，不过是个外功，与玄贞子内功一道，略有分别。内功是凡胎肉骨亦可飞升。（清《七剑十三侠》）

例（4）刘士雄说道："哥哥，我并非是为回家享福，怎么天下英雄均属不着你我弟兄，为何都说属胜英呢？"（清《三侠剑》）

如果把"并非"分析为词组或者跨层组合（并＋"非……"），那么"并非"的意思就相当于"并不是"，其后就没有理由再用判断词"是"。因此"并非"的意义已经凝合为一个否定词，且该否定词既可以否定有界概念成分，又可以否定无界概念成分。在句法组合上，表现为"并非"之后的成分非常多样化：既可以是名词性成分、动词性成分、形容词性成分，还可以是"的"字短语和小句等单位。以下是一些例句[②]：

例（5）在这里，国家庆典被隐喻为剧场表演"国家"只有在这个时候才展示出来。因此，巴厘通过公共戏剧化，即举行庆典场面来建构国家概念。所以实质上尼加拉只是一个宗教意义上的结构，并非政治、社会或经济的实体。

[①]　当然，这个标准并不是充分条件，而是一个必要条件。

[②]　本文的例句都来自北京大学语料库，对于现代汉语语料，本文不再表明出处；但是出于历时考察的需要，对于古代汉语语料，标注语料的年代和出处，以供推敲求证。

例（6）正是循着这样一种曲径通幽的写作路径，作者成功地把我们引入了审计的殿堂，而且他会让你相信，在这里，一切神秘但是又并非不可知，你懂了一点但你又不全明白，没办法，且听作者慢慢道来吧。

例（7）案例教学中，提出的问题要有一定的深度，提供的信息并非一目了然，有关数据需要学习者进行一定的计算、加工、推导，才能用来进行分析、引用。

例（8）在马克思看来，意志并非完全自由的，它起作用的基本方式是生产劳动，而生产劳动又是以"物质生产关系"为基础的。

例（9）自由主义由于这一词被广泛地应用，并非每一个"自由主义"的政党都支持自由放任的资本主义。

第三，从来源上看，"并非"本是一个跨层组合，"并"表示范围，指向前面的话题，而"非"则作为否定词指向其后的叙述成分。两个语素组合起来表示对前述范围的全否定。如：

例（10）意谓此等，并非通论，今所不取。（六朝《论书》）

在例（10）中，"并"指向"此等"，而"非"指向"通论"。两个语素中的语义指向相悖，证明了二者并不是在同一个层面上，"非（通论）"为相对内嵌层，"并"为相对外向层。但是到了现代汉语中，两者的语义指向已经不再分离，如例（9）中的"并非"指向"政治、社会或经济的实体"，例（10）中的"并非"指向"不可知"等。这进一步说明了两个语素是在同一个层面上，且总是指向同一成分，据此可以看出，"并非"具有较高的语义凝合性。

（二）"并非"的成词动因

和"并非"具有相同结构的组合"并不""并没""并未"在发展为同层组合后没有继续向前演变而取得词汇身份（以上诸词各种汉语词典均未收录，此处不展开讨论），这说明，"并非"的词汇化动因是复杂且特殊的。本文认为，在"并非"从跨层结构发展为一个词语的过程中，话题性质的改变和短语层面的排挤作用起到了关键性的作用。前者对于古代汉语中"并＋否定词"从跨层结构发展为短语起到了普遍性作用，使得"并非""并不""并未"发展为具有较高粘合度的同层短语；后者在"并非"从粘合度较高的短语发展为词语的过程中起到了个性化的作用，本质上是一种高频短语排挤低频短语的现象。正是这种排挤作用，"并非"从相对低频的词法词（即本文所说的粘合性短语）降级为词库词①。本文将结合"并＋否定词"的句法环境改变（主要是句中的话题性质改变）来对上述两个动因加以说明。

第一，"并非"的成词过程。跨层组合"并非"作为一种常见的组合始于六朝时期，而较早出现的"并＋否定副词"组合，是东汉时期已经普遍使用的"并不"以及"并未"。因此，"并非"不是同类组合中产生较早的原型范畴成员，很有可能是受"并不""并未"类推导致的后起成员。请看如下句子：

例（11）风门宜平缺，名福首，背枯向荣二宅，五姓八宅，并不宜高壮壅塞，亦阳极阴首。（东汉《宅经》）

例（12）传称老子二百余岁，邵公百八十，高宗享国百年，周穆王享国百年。并未享国之时，皆出百三十四十岁矣。（东汉《论衡》）

例（13）连阁四周，并非中官之宅。（六朝《全梁文》）

"并"类结构跨层表述作为一种原生结构，在宋元时期还占据主导地位，明清时期时代已较为少见。如：

例（14）敬还索牛，两头已死，只还四头老牛，余并非汝牛生，总不肯还。（宋《太平广记》）

例（15）若书之，而起用大铖，与前案违异，非陛下所以待先帝，并非辅臣所以待陛下也（明《明季三朝野史》）

在例（15）中，"并"和"非"还没有词汇化，句子中的主语依然是叙述非单一事件的小句，不过"并"和"非"已经发展为同层组合，"并非"承接前句的"非……"进一步叙述，短语"并非"的两个语素间有直接的组合关系。在明代的语料中，情况已经发生了根本的变化，跨层现象已经成为非常态（abnormal）组合，大部分情况下"并非"语义上已经非常凝固（"并未""并不"也已经发展为语义粘度较高的同层短语），比如：

---

① 广义的词汇包括词汇词和词法词，词法词可分析性较强，常常被看成词组（详见董秀芳，2014）。本文涉及的"并不""并未"属于词法词，而"并非"属于词库词。我们用"降级"来表述这一现象，是基于语言的构成材料呈"语素—词—短语—句子—语篇"序列递进的，靠右的一端链条更长，处于话语的上层或表层，从外向内考察，短语地位高于词语。也有人从相反的角度（比如能够产型和语法地位）看问题，就会有不同的定位和排序，只是视角不同而已。

例（16）汝今斩者，并非秦朗。（明《三国演义》）

例（17）一个潜身在曲槛边，一个背立在湖山下；那里叙寒温，并不曾打话。（元《西厢记杂剧》）

第二，话题性质的改变及由此导致的"并"的义位增加。如上所述，在"并非"成词和"并未""并不"语义粘度增加的过程中，"并"类词组所在句子的主语性质改变是一个关键因素。在东汉至唐宋时期的语料中可以发现，"并"之前作为话题的句子常常论述了多个同类事件，提及了多个同类事物或者列举了多个类似现象，从而构成一个"范围"，比如例（15）～（18），再如：

例（18）冉闵言于虎曰："苻洪雄果，其诸子并非常才，宜密除之。"虎待之愈厚。（五代《春秋十六国别本》）

例（19）至于奇巧珍、玩飞放搏噬之物，并不得转将进奉。（《五代会要》）

例（20）今之所任并非宿将重名皆是左右少年而已。（宋《册府元龟》）

"并"的作用就在于指向话题性主语里的这个范围，涵盖范围里的所有内容进而为后面的"不""未""非"所否定，所以在意义上仍然保留着由动词（"合并"义）发展出的副词用法（完全义）。而后面的否定词"非""未""不"作为谓语或谓语的一部分指向后面的成分，对后面的成分具有"管辖"（governing）作用，因此，"并不/非/没"明显是一个跨层组合。因此，不难推测，"'并'类跨层组合的话题主语表范围"和"'并'表示概括并前指"二者是互相依存的。

当主语的性质不再表范围的时候，"并"表全指的功能就无法在句子中体现出来了，在长期的使用中，全指义逐渐模糊，由于汉语词汇发展的趋势是双音节，而"并"后的否定副词都是单音节的"非、不、未"，说话人在节奏上更愿意将其合并为一个音步。表单一事件或事物主语的句子始见于唐代，五代时期已经普遍，宋元为过渡和保持阶段，至明清时期已经变成了主导用法。以下各举一例展示，其中例（23）可以看成是范围主语，也可以看成是单一事物（类概念），这体现了概念范畴的连续性：

例（21）十娘见诗，并不肯读，即欲烧却。（唐《游仙窟》）

例（22）"宜征还朝廷，以慰其心。"泓并不从。（五代《十六国春秋别本》）

例（23）"你实说这玉带甚人偷来的？"张富道："小的祖遗财物，并非做贼窝赃。（宋话本）

例（24）禀道："小人家世住于长乐村中，并非别处妖人，也不晓得什么妖术。"（明《今古奇观》）

因此，"并"的语义指向逐渐在长期的言语中被人们无意识地转移到其后的否定词"不""非""没"上，以至于多数现代汉语词典乃至古代汉语词典都将"并"表"强调否定"作为一个单独的义项，实际上这一用法源于其全指副词用法。就"并"的语义变化来说，经历了"语义磨损—语义吸收"两个阶段。

"并"类短语所在句主语从范围（复数特征）到单一事物的过程并不是一下子完成的，笔者观察到，主语概念类型转变和时间主语在范畴上的双重性质在这个转变中起到了承接作用，这一过程体现了概念认知中"转喻"的作用。在上面的论述中，汉至六朝时期句中的主语以同类事物和同类事件为主，在概念上多侧重具体事物，表现在句法上，多数主语由几个具有并列或顺承关系的小句组成；在语义范畴上可以概括为"范围"义，当主语更倾向于用一个单句表述的时候，所述事物往往具有双重属性，可以指具体事物，也可以指一类事物。比如例（27）就是过渡时期主语类型双重性的表现。从范围到个体的过程中，"时间"范畴是一个重要的发展路径，一方面"时间"也具有"范围"的特征，可以把某一段时间作为由不同时间节点汇集而成的范围全部否定（或者说，时间义主语具有可概括性）；另一方面，时间也可以作为一个整体，这时候它也具有"个体事物"的特征，成为所在句主语向个体主语类推的起点。请看以下不同时期的例句：

例（25）左符付监门掌，交番巡察，每夜并非时开闭，则用之。（唐《唐会要》）

例（26）自今应是诸节日及生日，并不得辄有进奉，又所在五月五日，非大功已上亲，不得辄相赠遗。（《唐会要》）

例（27）伏望从今以后，内外常参官并不论年考，议事而迁位，位均以才，才均以望。《唐会要》

例（28）京城应天街内有人户见盖造得屋宇外，此后并不得更有盖造。《唐会要》

第三，词组层面的排挤作用。前文中提到，与"并非"同属跨层结构且使用频率远高于"并非"的"并不""并未"至今还停留在词组的层面，尚未完成词汇化的过程。本文认为，这是一种由词组层面的排挤作用所导致的现象。从历时的角度看，两个全同质的语言单位长期同时存在是不符合语言的经济原则的，宋朝以后，特别是15世纪前后，汉语的句法系统发生的一系列重要变化（如动补结构的成熟、体标记系统的建立、量词范畴的引入，以及时间词、动量词由宾语之后向宾语之前的变动等）促成汉语否定副词"不"和"没"分表"有界"和"无界"二元对立格局形成[①]，这使得已经同层的常用否定组合"并＋不/没/非"也做出相应调整。由于在形式上，"并"已经不具有明显的范围义，而是被分析为更加抽象和虚化的强调义，因此，"并不""并未"分别对应于"不"和"没"，成为两个核心否定词相对应的强调义构式，相比之下，使用频率本来就不如两者的"并非"在"有界"和"无界"的分野中没有同任何一方形成对立，在意义上显得不够明晰和稳定。根据董秀芳（2004）对词库词和词法词的定义，意义上不够明晰或组合不规则（所谓的不规则是相对而言的）的词常常在语言运用中被人们作为词库词加以整体记忆，而词法词则由于其规则性和意义的明晰性被人们进行模式化的储存并以词法的形式提取使用。由此可见，"除非"词类身份的获得在一定程度上是该词在词组层面受到排挤的结果。

二、"并非"的进一步虚化和句法上的关联作用

（一）"并非"的词性分析

"并非"从短语层面降格为词语，"并"在词组层面的"范围"义消失，其语义指向"不"，发展出强调的功能。从其在句中的组合能力上来看，"并非"除了做动词外，还具有副词的用法。比如：

例（29）王守仁在外面催督三军奋勇攻城，忽听炮声响处，城门大开，知有贼将前来拒敌，当即抬头一看，并非贼将，却是一个妖道。（清《七剑十三侠》）

例（30）应该指出的是，这里所介绍的西方新文化史和微观历史有关成

---

① 详见石毓智，李讷：《十五世纪前后的句法变化与现代汉语否定标记系统的形成——否定标记"没（有）"产生的句法背景及其语法化过程》. [J]. 语言研究，2000年第2期。

果，仅是那些对我自己的研究有所影响和启发者，并非综合或全面的评述，难免有些重要成果没有在此进行讨论。

例（31）吕祖叩头道："并非小人必要见法师，只因那天下朝之后，回去再四思虑，因甚万岁把小人当作张仙？"

例（32）秦与六国并立而独能成就此种创举，亦并非偶然。

例（33）口述史学家认为，即使口述凭证是真实而未受影响的，仅用它来表现过去仍然是不够的，因为历史过程的事件并非只是个人经历的总和。

例（34）在治疗过程中，求治者要相当主动地与治疗者合作，检讨自己的心理与行为，并寻找改善的方向，努力修改，促进自己的心理与行为之成熟。所以，求治者并非只是被动的接受治疗。

例（33）中的"并非"用于否定一个名词，例（34）中"并非"否定的是一个概念上指称化的动词（"的"为指称化标注），因此仍然可以将"并非"分析为动词。但是例（35）、例（36）的情形有所不同，这两个句子中"并非"后面分别接小句和形容词"偶然"，将其分析为动词（相当于"不"＋系词"是"），或者分析为具有关联作用的副词（本文将在下节论证其关联作用）和否定副词（相当于）也符合汉语的句法规则。而在例（37）和例（38）中，"并非"之后跟判断词"是"，则明显不能分析为动词，作为副词，表示否定的特征已经十分稳定。

（二）"并非"的句法关联作用

作为动词的"并非"其实也具有一定的语义连接作用，常常跟含有"乃是""而是""却是"等类话语标记的后句（有时候是前句）连用，构成对比，具有突显后句（或前句）所述真相的作用。如：

例（35）前次刺死的并非施不全，而是大名府狱内的死囚，改扮起来，故意让我们刺他，好叫我们不防备。（清《施公案》）

例（36）大帅奖誉晚生，晚生脸上并非是光彩，却是红肿。（清《乾隆南巡记》）

获得了副词功能的"并非"，句法关联作用进一步加强，在对比突显后句（或前句）真实信息的用法之上，还发展出了解释、补充等作用，语篇中用来与之呼应的功能成分（连词、话语标记及类话语标记）也更多，比如："还""而""不过"等。

例（37）蒋廷黻加入基督教，并非因为宗教狂热，而是有感于教徒对社会公益事业的热忱关怀。

例（38）仙家有一派流传，要度脱凡人成仙，必要此人死于刀兵，可脱凡胎，这就名为兵解，并非是旁门左道，不过是个外功，与玄贞子内功一道，略有分别。内功是凡胎肉骨亦可飞升。

例（39）温公则主一仍旧贯，只着眼在人事上，并非着眼在制度上。

例（40）如果是这样理解的话，过去传统社会里的证券并非不存在，而恰恰是以人格化的形式被具体地表现在后代身上。

三、结论

“并非”从跨层组合发展为汉语里常用的动词、否定副词，其过程和动因既体现了汉语词汇化的共性机制，也具有一定的特殊性。其共性表现在结构的重新分析过程中受到了句法环境的影响，类推机制在这个过程中发挥了重要作用；其个性表现在该词两个语素之间重新分析动因代表了一种改变语言结构层次的新因素——句子成分的概念类型。以往人们对造成词汇化的句法因素的关注更多地集中在句中实词功能改变、虚词功能改变以及词序改变等句法结构因素上（董秀芳，2009），而“并非”词汇化则是其所在句子的主语概念类型变化所驱动的，这一动因表明，句法特定链条上的概念类型变化将直接导致高频跨层组合中的某个词意义发生改变，为重新分析的发生提供语义组合上的可能。这一现象表明，对于词汇化的研究可以尝试从语义层面切入进行分析。

在汉语的发展过程中，否定副词范畴的扩展更多地来自“否定词＋X”模式产生的成员（如“不必”“不用”“不要”“未必”等发展为否定副词），“并非”一词的结构属于语序相反的“X＋否定词”模式，这在汉语的否定副词成员里是极为罕见的。原因是在其成词的过程中，同质化较高的高频使用短语“并非”“并未”对其造成了短语层面的排挤，使得其发生结构功能的降级。这种挤压与词汇化过程中的“占位效应”（blocking effect）形成反向的趋势，后者指的是，在一个具有能产性的词汇化模式中，某一个义位由于事先存在其他词，相应的组合就被阻断在词组层面上，比如“很多”并没有能够按照副词“很少”开辟的词汇化路径发展为副词，是因为这个义位上已经存在了“经常”。词组层面的反向排挤现象和词汇层面的占位效应现象背后有着共同的理据，那就是同质化较高的语言单位之所以在长期的使用中必然有某个成员发生改变，是因为语言在追求精密化的同时始终保持经济性运转的原则。

参考文献：

[1] 董秀芳. 汉语的词库与词法 [M]. 北京：北京大学出版社，2004.

[2] 董秀芳. 汉语的句法演变与词汇 [J]. 中国语文，2009（5）.

[3] 刘正光. 语言非范畴化——语言范畴化理论的重要组成部分 [M]. 上海：上海外语教育出版社，2006.

[4] 吕叔湘. 现代汉语八百词 [M]. 北京：商务印书馆，1999.

作者简介：

　　李月炯，四川大学海外教育学院讲师，语言学在读博士，主要研究方向为现代汉语词类及对外汉语虚词教学。

汉语重动句小议[*]

罗艺雪

四川大学海外教育学院

摘　要：重动句是汉语中的一类特殊构式。从整体来看，将该构式视为主谓结构更有句法依据；从构成成分来说，该构式的动词、宾语及补语都存在特定的选择和限制；就形式动因而言，作为解决汉语"宾补争动"的一种选择方案，该构式在信息结构上体现出"前轻后重"的特点，语义上具有"超常性"。由于重动句既要引出新信息，又不能突出新信息，与"一次一个信息"原则形成了一定程度的矛盾，因此在实际表达中并不见。

关键词：重动句；构成成分；句式动因；回避使用

On Verb-copying Construction

School of Overseas Education，Sichuan University

Abstract：Verb-copying construction is a unique construction in Chinese. Based on some syntactic tests, this construction is better to be viewed as a kind of subject-predicate structure. Syntactic restrictions on the verb, object and complement have been discussed and the motivation for this construction has been revealed. It shows that the "heavy head" information structure

---

　　* 本研究得到 2018 四川大学海外教育学院中央高校基本科研业务费立项课题 "报刊政论语体中的'引起'类强主观归因句研究"的资助。文中尚存谬误，概由笔者负责。

and the unique "unexpected" semantics of the verb-copying construction allows it to introduce but not highlight new information. This is not common in daily language use and can be argued as the main reason for the avoidance of the verb-copying construction in corpus.

Key words：verb-copying sentence；syntactic components；motivation；avoidance

作为汉语中的一类特殊构式，重动句（又称"动词拷贝句"）早已引起不少学者的注意（参见范晓，1993；李讷、石毓智，1997；项开喜，1997；戴耀晶，1998；王灿龙，1999；唐翠菊，2001 等）。已有研究从形式、功能、认知等不同角度对重动句的分类、结构、语义、功能、句式变换特征及认知理据等进行了分析，但对于该构式究竟归属何种结构却难以达成一致，对其在使用中的特殊性也有不同看法。本文基于北京大学 CCL 语料库中提取的真实语料，尝试从重动句的结构入手，探讨该构式在语义与信息结构上的特点，以及由于其特殊的信息结构造成的实际使用中的限制。

一、重动句结构分析

汉语中的重动句指的是如下一些句子：

例（1）A 他看书看得很慢。

B 他看书看得眼睛都痛了。

例（2）他看书看不下去。

例（3）他看书看累了。

例（4）他看书看了三个小时。

例（5）他看书看到三点。

例（6）他看书看坏了眼睛。

上述句子的共同特点是同一动词在句中重复出现，因此也有学者称之为"复动句""动词拷贝句"等。如果把句中各成分一一划出，可以得到重动句的五个基本成分，并由此得出其基本结构形式：

$$NP_1 + V_1 + NP_2 + V_2 + C$$

以"他看书看累了"为例的重动句的结构关系，其基本层次为"NP_1/

$V_1+NP_2//V_2+C$，即"他/看书//看累了"，第一层直接成分"他"和"看书看累了"之间为主谓关系。关于第二层"看书"和"看累了"之间的结构关系，学界有不同看法，大致集中在状中结构、主谓结构、述补结构、连谓结构、联合结构五种，可以说几乎涵盖了全部主要的句法结构类型。下面将对上述几种观点逐一进行考察。

（一）状中结构？主谓结构？

朱德熙（1985）在《语法答问》中曾以"今天种树"与典型的主谓结构"他们种树"之间的平行性论证前者动词前的时间成分为主语而非状语。从同样的角度出发看"看书看累了"，我们可以找出以下几组例子：

他看累了（A）	看书看累了（B）	已经看累了（C）
他看没看累	看书看没看累	＊已经看没看累
他没看累	看书没看累	＊已经没看累
他看累没有	看书看累没有	＊已经看累没有
他是不是看累了	看书是不是看累了	＊已经是不是看累了
他要是看累了	看书要是看累了	＊已经要是看累了
他也许看累了	看书也许看累了	＊已经也许看累了

A 是主谓结构，C 是状中结构，B 是重动句第二层"V_1+NP_2"和"V_2+C"组成的结构。A 和 B、B 和 C 在意义上都有一定联系，但 B 和 A 有一系列互相对应的平行结构，而 B 和 C 之间却没有多少共同点。由此看来，把 B 看成主谓结构而非状中结构在句法形式上更有依据。

（二）述补结构？

一些学者认为，"V_2+C"补充说明"V_1+NP_2"的状态、结果，是在回答"V_1NP_2怎么样"的问题，因此宜于将其看作述补结构，其中"V_1+NP_2"是述语，"V_2+C"是补语。朱德熙（1985）指出，不能根据补语的"补"字把补语解释为"对前边的动词有所补充"的句法成分，这里的情况正是如此。我们将"看书看累了"与典型的述补结构"看累了"进行对比，可以看出二者在结构上并没有多少平行性：

看书看累了（B）	看累了（D）
＊看书不看累	看不累

＊看书得看累	看得累
＊看书得很看累	看得很累
＊从来没看书看累过	从来没看累过
看书是不是看累了	＊看是不是累了
看书要是看累了	＊看要是累了

由此看来，把 B 看成述补结构在形式上也没有多少依据。

（三）连谓（动）结构？

赵元任（1968）曾指出："一个动词又有宾语又有补语的时候，常常重复动词，造成连动式。"我们以最简单的连谓结构为例，与目标结构"V_1＋NP_2//V_2＋C"进行对比：

看书看累了（B）	看书提高水平（E）
＊看书是为了看累	看书是为了提高水平
＊看书可以看累	看书可以提高水平

此外，连谓结构（E）前后两个成分换位后意思虽改变，但仍合乎语法；"V_1＋NP_2"和"V_2＋C"交换位置后则完全不能成立。

＊看累了看书	提高水平看书

因此赵元任（1968）又说，"吃饭吃完了"里面"V−O 和 V−R 的关系，与其说是连动，毋宁说是主谓"，形式上的证据是"不但可以在中间插入副词，还可以插入一个主语"。也就是说，目标结构与连谓结构还有以下的对立：

看书已经看累了	＊看书已经提高了水平[①]
看书他看累了	＊看书他提高水平

仅仅因为重动结构是"V_1＋NP_2"与"V_2＋C"连用的格式就将其归入连谓结构，缺乏句法上的证据。

（四）联合结构？

有的学者认为，"V_1＋NP_2"和"V_2＋C"构成联合结构的谓语。我们知

---

① 这句话若要成立，需把"看书"视作话题，"已经提高了水平"是对"看书"的说明，不再是原来的连谓结构。

道，联合结构的组合成分之间地位平等，因此其内部次序逆转后不仅合乎语法，基本意思也不发生改变，而"$V_1 + NP_2$"和"$V_2 + C$"逆转后却不能成立：

看书看累了（B）　　看书写字（F）

＊看累了看书　　　写字看书

此外，联合结构所包含的成分可以不止两项，因而可以添加更多的并列成分，但重动结构却受到限制：

＊看书看电视看累了　看书画画写字

＊看书看多了看累了　看书写字画画

综上可知，"看书"和"看累了"之间的结构关系既非状中，也非述补、连谓、联合，将其看成主谓更有句法依据。

二、重动句构成成分分析

许多学者发现，重动句在实际语料中的用例很少，如王灿龙（1999）在其考察的 50 万语料中仅发现 5 处用例。考虑到重动句中的动词倾向于单音节（范晓，1993），为了获取更多的重动句用例，本文以使用度较高的"写"和"打"为代表检索北大 CCL 现代汉语语料库①，分别得到语料 60 条、102条。下文凡无特别说明，例句后括号注明出处的为语料中实际用例，其余为笔者自拟或前人自拟。以下主要基于实际用例，从动词、宾语即补语三个角度对重动句组成成分进行逐一分析。

（一）重动句动词

上文提到重动句的一大特点是同一动词在句中重复出现，即 V_1、V_2 为同一动词，但二者在句法上所受限制却有差别，这首先体现在 V_1 不能带时体标记，而 V_2 后接时量、数量成分时可以带"了""过"，尤其是"了"：

例（7）一个月，他［写］长篇小说［写］了九万字，够累的了，酒能冲淡这种疲劳。（《作家文摘》）

_____

① 此处使用度参考《现代汉语频率词典》（1986）。

例（7'）＊一个月，他［写］了长篇小说［写］了九万字……

例（8）［打］仗［打］了半年，可是好像过了半辈子似的，他老人家完全衰老了！（《保卫延安》）

例（8'）＊［打］了仗［打］了半年，可是好像过了半辈子似的，他老人家完全衰老了！

此外，V_2后接结果、趋向补语成分时，V_2C后也可以带"了""过"，V_1NP_2却不行：

例（9）土狗子［打］洞［打］到了饭桌底下，鼻涕虫大白天就横行霸道。（《你是一条河》）

例（9'）＊土狗子［打］洞了［打］到了饭桌底下，鼻涕虫大白天就横行霸道。

例（10）你的枪打得好！［打］游击［打］死过多少敌人？（《红日》）

例（10'）＊你的枪打得好！［打］游击过［打］死过多少敌人？

再来看一下非重动句的表现：

例（11）"他要偷我的东西，我就［打］了他，［打］得重了点。"（《橡皮人》）

例（11'）他要偷我的东西，我［打］他就［打］得重了点。

例（11）陈述的是已经完成的事件，因此原文第一个"打"后加"了"，但变化为重动句例（11'）后"了"必须删去，充分体现出重动句V_1在后附时体标记时受限制。与此相应，否定词"没"只能加在V_2前：

例（12）晚饭时，刘华玲见我闷闷不乐，问我怎么啦。我说给女朋友［打］电话没［打］通，我补了句："我很爱她。"（《浮出海面》）

例（12'）＊……我说给女朋友没［打］电话［打］通，……

例（13）这边攻坚攻不动，那边［打］援没［打］住。（《雪白血红》）

例（13'）＊这边攻坚攻不动，那边没［打］援［打］住。

其次，从状语的位置来看，修饰重动句"$V_1＋NP_2＋V_2＋C$"的成分通常位于V_1NP_2后、V_2C前：

例（14）那天下晌我［打］纸钱直［打］到黑天，累得膀子都疼。（《作家文摘》）

例（14'）*那天下晌我直[打]纸钱[打]到黑天，累得膀子都疼。

例（15）有人甚至惊呼：眼下大学生[打]工已[打]乱了，该收心了！（《人民日报》）

例（15'）? 有人甚至惊呼：眼下大学生已[打]工[打]乱了，该收心了！

将状语置于 V_1NP_2 前在一些情况下完全不能接受[如例（23'）]，在另一些情况下虽然勉强可以接受却仍不如 V_1NP_2 后自然[如例（24'）]。在我们所搜集到的语料中，状语位于 V_1NP_2 前的仅有一例：

例（16）你还要打我，我妈妈都没打过我，你倒[打]我[打]上了瘾。（《空中小姐》）

但这一例实际有对比意味，是将"我妈妈没打过我"和"你打我"对举，因此并非真正意义上的反例。

（二）重动句宾语

重动句宾语指的是 V_1 后必须出现的 NP_2 这一成分。项开喜（1997）指出，重动句中的宾语一般只能是信息量低的无标记形式，主要包括人称代词、专有名词、光杆名词、"一＋量＋名词"四种。王灿龙（1999）虽然认为"重动句的宾语是相对开放的，……只要语义上匹配、协调，各种形式的宾语都能进入重动句"，但也承认其他形式的宾语会使句中其他成分在语义上受到一定限制，且"在句子的使用频率上，无标记、无指宾语的重动句更为常见"。在本文的语料中，重动句宾语有以下三种形式：

第一，光杆普通名词（151例，包括一般所称的动宾离合词的宾语，如"打架"中的"架"，"打仗"中的"仗"）。

例（17）最近几年来，叶文玲小说的忠实读者发现她的小说渐渐地少了，又听说她[写]散文[写]得很起劲并屡屡获奖。（《作家文摘》）

第二，专有名词（3例）。

例（18）曹雪芹的艺术，论起来方面很多，但毕竟他写人物的手笔最高明，而人物中确实[写]凤姐[写]得最全面、最系统、最完整、最精彩——也最活。（《读书》）

第三，人称代词（8例）。

例（19）有的说："牛不知力大，你要是［打］他［打］坏了怎办？"（《王全》）

可以看出，绝大多数重动句宾语为光杆普通名词，专有名词、人称代词两种形式尽管见于语料，用例却寥寥可数。此外，语料中不但没有出现王灿龙（1999）指出的"明明吃这种饼干吃上了瘾""我用自己的电脑用惯了"这类典型的定指宾语，也没有出现项开喜（1997）列出的第四种形式，即"一＋量＋名词"。事实上重动句宾语为"一＋量＋名词"的情况虽然符合语感，但在使用中也是有条件的，如一般需要省略数词"一"，在 V_2 前加上副词"都""也"，且通常以否定形式出现，项开喜（1997）举出的"叫辆车都叫不着""买瓶酒都买不着"等例都是如此。同样，"这/那＋（量）＋名"虽可出现在自拟句中，却使得句中其他成分尤其是 V_2 后的补语成分受到一些限制，下面是王灿龙（1999）的例子：

例（20a）他［踢］球［踢］累了。

例（20b）＊他［踢］那场球［踢］累了。

例（20c）他［踢］球［踢］上了瘾。

例（20d）＊他［踢］那场球［踢］上了瘾。

例（20e）他［踢］球［踢］破了两双鞋。

例（20f）他［踢］那场球［踢］破了两双鞋。

也就是说，最没有标记的重动句宾语就是语料中见到的三种形式，其中最典型的又属指称类属成分的光杆普通名词。

（三）重动句补语

从补语的语义指向这一角度观察，重动句补语可以说具有"多元性"：既可以分别指向 NP_1、V_1、NP_2，也可以同时指向这三项中的任意两项。如例（17）"很起劲"既指向 NP_1 "她"，又指向 V_1 "写"；例（18）中"最全面"指向 V_1 "写"；例（19）"坏"指向 NP_2 "他"；例（21）中"好"既指向 V_1 "写"，又指向 NP_2 "信"；例（25）"累"仅指向 NP_1 "她"。

而如果根据补语的形式、性质进行考察，对应于本文开头的例（1）～例（6）几个句子，重动句补语可概括为以下六类：

①$NP_1＋V_1＋NP_2＋V_2＋$得＋状态/程度 C

②$NP_1＋V_1＋NP_2＋V_2＋$得/不＋C

③NP$_1$＋V$_1$＋NP$_2$＋V$_2$＋结果 C

④NP$_1$＋V$_1$＋NP$_2$＋V$_2$＋时量/数量 C

⑤NP$_1$＋V$_1$＋NP$_2$＋V$_2$＋趋向 C

⑥NP$_1$＋V$_1$＋NP$_2$＋V$_2$＋C＋NP$_3$

朱德熙（1985）根据补语形式的不同归纳出三类最典型的述补结构：一是述语和补语直接组合，当中不带"得"字的格式；二是述语和补语之间有"得/不"表示可能性的格式；三是带"得"表示状态的格式。根据①～⑥中补语的形式可以看出，这三类格式都能出现在重动句中：①属于第三类，②为第二类，③～⑥都是第一类中的次类。下面分别对这几类补语进行考察。

语料中①类补语约占 35.4% 且形式多样，从一个字到一句话均有涉及，似乎看不出什么限制：

例（21）方兰，你每回来信，全村……全村都来听呀！夸你［写］信［写］得好，文墨好，写得动人心。（《祝你运气好》）

例（22）憨厚的个体户老板居然上了电视，可不是书店开出了名堂，而是［写］小说［写］得把直木赏拿到手了。（《读书》）

而属于②的 15 个用例除例（32）外皆为否定形式［如例（33）］，说明该类补语出现在重动句中时有很强的否定倾向：

例（23）写戏曲的人与文章其实不少，但黄裳的文章在我看来是最好的。好就好在他［写］戏曲［写］得出戏味。（《作家文摘》）

例（24）你可别看这些伪军士兵们，［打］仗［打］不过八路军，要在这样场合之下，酒盖着脸儿，火托着心，谁都想要充充好汉子。（《烈火金刚》）

述语和补语当中不带"得"的一类，即③～⑥，所占比例最大，约为 57%。该类格式中 C 可以是结果补语、时量/数量补语、趋向补语三类，C 后还可以再带宾语（NP$_3$），语料中的用例分别为：

例（25）有时，她［写］东西［写］累了，便会端着一杯浓茶，坐在书橱对面，瞧着那套契诃夫小说选集出神。（《爱，是不能忘记的》）

例（26）芝瑜痛心地说，父亲［写］日记［写］了 40 年。（《作家文摘》）

例（27）马威和李子荣有时候［打］包裹［打］到夜里十点钟，有的送

邮局，有的娇细的东西还得自己送去。（《二马》）

例（28）前一段，子龙［写］随笔［写］上了手，外地报刊陆续辟了子龙专栏。（《作家文摘》）

值得注意的是，这类不带"得"的补语存在着如下的不对称现象：

例（29）＊他［考］试［考］好了。

例（29'）他［考］试［考］砸了。

例（30）＊他［读］书［读］聪明了。

例（30'）他［读］书［读］傻了。

例（29）和例（29'）、例（30）和例（30'）之间唯一的差异是补语部分意义相反的"好"和"砸"、"聪明"和"傻"，却使得整个句子出现了合语法与不合语法的对立，说明重动句对补语成分的语义也是有所选择的。

三、重动句句式动因

那么，为什么会存在句中重复同一动词的现象？是什么使得重动句呈现出上述句法特征？重动句凸显的句式语义又是什么？下面将尝试对这些问题做出解答。

（一）形式动因："宾补争动"

从重动句的基本结构形式可以看出，该句式最大的特点除了重复动词之外，就是同时具有宾语、补语两种成分。王力（1944）、赵元任（1968）、吕叔湘（1980）等人在谈到重动句时都认为这一句式的出现是为了解决"宾补争动"的问题，即动词后一般不能同时出现宾语与补语两种成分，重复动词是为了使宾语和补语不在同一动词后共现的同时又都能紧挨着动词。这一观点在句法上有较强的解释力，因为许多重动句都没有相应的"主动宾补"或"主动补宾"式：

例（31）那时两派［打］派仗［打］得红火热闹，互相指斥批判，你揭我的老底，我抖你的隐私，搞得不亦乐乎。（《作家文摘》）

例（31'）＊那时两派［打］得红火热闹派仗，……

例（31"）＊那时两派［打］派仗得红火热闹，……

但实际上除了重动句，汉语有多种句式可以消解宾补矛盾，如"把"字句、主谓谓语句等。许多学者都注意到了这一点，并就重动句与这些句式的分布、转换等进行了探讨。以重动句与"把"字句的转换为例，赵元任（1968）曾提到是主语还是宾语充当补语的逻辑主语，有所不同，一般来说当补语语义指向宾语时才能使用"把"字句。因此，同样是带"得"的重动句，下面例（32）可以很自然地转换为"把"字句，例（33）则不行：

例（32）［写］生活［写］得如此细腻、生动的，过去还真是少见。（《读书》）

例（32'）把生活［写］得如此细腻、生动的，过去还真是少见。

例（33）我们说蒲松龄三苦并存，生活苦，考试考得苦，［写］书［写］得苦。（百家讲坛）

例（33'）＊我们说蒲松龄三苦并存……把书［写］得苦。

带时量补语的重动句则完全无法转换为相应的"把"字句：

例（34）［打］长毛［打］了好几年了，活捉的长毛头子也不少；几时看官府追过。（《红顶商人胡雪岩》）

例（34'）＊把长毛［打］了好几年了……

正因为受到这种限制，某些情况下即使能够将重动句转换为"把"字句，语义指向也会发生变化。下面两个句子基本成分相同，表达的意思却截然相反：

例（35）他［追］小偷［追］折了腿。

例（35'）他把小偷［追］折了腿。

例（35）倾向于"他"追"小偷"，"他"的腿折了；例（35'）同样是"他"追"小偷"，但折了腿的人却变成了"小偷"。我们说重动句补语具有"多元"指向，例（35）"折了腿"实际上既可以指向NP$_1$"他"又可以指向NP$_2$"小偷"，但作第一种理解更自然；而"把"字句凸显的是对宾语的处置，一般在指向NP$_2$时才能使用该句式，因此例（35）转换为例（35'）时仅仅凸显了后一种语义指向可能。

再来看"把"字句无法转换为重动句的情况：

例（36）他把书［看］完了。

例（36'）＊他［看］书［看］完了。

同样是补语指向 NP_2，此时却只有"把"字句是合乎语法的，这里的"书"应理解为特定的某一本书。

可见，虽然从理论上说解决"宾补争动"的句式不限于重动句，由于各类句式在形式、意义上都具有自身的特殊性，当具体形式、语义特征凸显出来时，就会出现与上文类似的限制情况。构式语法指出，构式是一个形式—意义的对应体，每个构式都具有自身独特的句法语义特色（Goldberg，1995）。补语语义指向主语时重动句转换为"把"字句会受到限制，"看完"无法进入重动句，都与两种句式的句法语义差异有关。"把"字句凸显的是对宾语的处置义（王力，1944；沈家煊，2002），句中其他成分的语义是否指向宾语，宾语是否有定，都受到该句式的内在规定。那么，重动句独特的句式语义又是什么？这一句式为何会呈现出上文中的句法特征？

（二）信息结构："前轻后重"

项开喜（1997）认为，V_2C 是整个句子的核心成分和语义焦点，与 V_1NP_2 相比，语义上更具有现实性和突显性。从句法上看，这种"前轻后重"的观点可以得到如下四方面证据的支持：

第一，重动句"$V_1NP_2//V_2C$"的结构关系既然更宜于分析为主谓，"$NP_1/V_1NP_2//V_2C$"就应被视作"主/主//谓"结构。这样一来 V_1NP_2 就是小主语或者说"次话题"，无怪乎 Tsao（1987）将重动句归入动词话题表达方式之一，认为 V_1NP_2 是一个"起到次话题作用的名词短语"。话题为后面的陈述或者说明设定框架，却非语义重心所在。

第二，重动句中 V_1、V_2 虽为同一动词，但 V_1 在后附时体标记时受到限制，而 V_2 后接时量、数量成分时可以自由带"了""过"，V_2C 在许多情况下也可以带时体标记。也就是说，从 V_1、V_2 的句法特征来看，V_2 动性更强，现实性也更突出。正因为如此，否定重动句时 V_2C 的真假发生变化，V_1NP_2 则不受影响：

例（37）我也险的不来，跟你［打］电话没［打］通。（《围城》）（打了电话但没打通）

例（37'）我也险的不来，幸而跟你［打］电话［打］通了。（打了电话且打通了）

此外，"$V_1NP_2+V_2C$"的修饰成分常位于 V_1NP_2 后、V_2C 前，即句法

上作用于 V_2C，也说明 V_2C 是结构中更具突显性的成分。

第三，重动句宾语最没有标记的形式为光杆普通名词、专有名词和人称代词，其中最典型的又属指称类属成分的光杆普通名词。尽管专有名词、人称代词所占比例不大，二者进入重动句仍是不大受限的。按照陈平（1987）的说法，专有名词、人称代词与"这/那＋（量）＋名"是最典型的定指形式，三者的定指程度最为接近，为什么重动句宾语对"这/那＋（量）＋名"的限制却远大于前两种形式？换个角度想，专有名词、人称代词与这里表类指（无指）的光杆普通名词的共同之处又是什么？跳出名词成分的定指程度来看，专有名词、人称代词一般传达旧信息，光杆普通名词在话语中属于无指成分，从信息量角度看基本上都是无标记形式的名词性成分，信息量低。换言之，"这/那＋（量）＋名"虽然在定指性层面上与专有名词、人称代词等更为一致，其组成成分的复杂程度、标记程度与信息量却高于单纯的专有名词、人称代词，后者的低信息量特点早已是学界的共识。这说明 NP_2 一般不是说话人想要突显的成分，也不是听话人寻找重要信息的位置，重要的信息位于 V_2C。

第四，虽然 NP_2 与 C 在句法位置上都紧邻动词，但 V_2C 位于 V_1NP_2 之后，由于"句末是汉语焦点的天然位置"（张伯江，2011），V_2C 占据句末位置正是其焦点性突显的最好佐证。

综上可知，重动句在信息结构上体现出"前轻后重"的特点，V_2C 信息量更大，V_1NP_2 较小。也可以说正因为重动句信息结构是以 V_1NP_2 为背景表述作为焦点的 V_2C，在句法形式上才有了"$V_1NP_2//V_2C$"的主谓关系、V_1 的时体标记限制、NP_2 的类指倾向（低信息量）和 V_2C 的句末位置要求。从说话人的角度讲，选择某一句式是为了表达特定的意义，在既不想过分强调 V_1NP_2，又想给 V_2C 搭建一个陈述背景时，能够做到引入 NP_2 但不突出 NP_2，设定范围但不使其成为主要话题的 V_1NP_2 和 V_2C 的搭配就成了优势选择。

（三）句式语义："超常性"

"前轻后重"的重动句语义焦点落在 V_2C 上，而 V_2C 在句式语义上又体现出了"超常"特点。这种"超常性"指的是动作行为的结果偏离正常的期待，或数量、状态、程度偏离一般标准。下面根据上文划分的几类补语依次对此做出说明。

上文已经指出，不带"得"的补语存在着"＊考试考好了"与"考试考砸了"之间的不对称，这种不对称即源自重动句句式对"超常性"的要求："考好"是我们对考试的正常期待，"考砸"则背离了正常期待，属于"超常"结果，因此只有"考砸"符合这一句式在语义上的要求。"＊看书看完了"不能成立也是同样道理：人们对于"看书"这一类动作的正常期待就是"看完"，这一结果不具有"超常性"。添加关系词可以凸显这一语义要求。上文在对比连谓结构与重动结构时曾指出，重动结构无法在 V_1NP_2 与 V_2C 之间添加"是为了"。添加这一成分后，例（29'）和例（30'）的合语法性发生了变化：

例（29"）♯他考试是为了考砸。

例（30"）♯他读书是为了读傻。

"是为了"突出了 V_1NP_2 目的性，强化了说话人的期待，偏离正常期待的重动句只有在特殊语用条件下才能成立。当然，"超常"与否在一定程度上依赖于语境和说话人具体的心理期待。如果一个人身边大多数人读了书以后都变傻了，唯独小王变聪明了，"小王读书读聪明了"就成了可以接受的句子。

这一要求不仅存在于结果补语中，也存在于其他不带"得"的补语中。下面分别是时量补语、趋向补语和 C 后再带宾语的例子：

例（38）《墨子·明鬼下》说，齐庄公有两位大臣，一个叫王里国，一个叫中里檄，二人［打］官司［打］了三年，朝廷也不能定下案来。（《读者》）

例（39）当时，随处挖个坑就有水"哗哗"地冒出来一尺多高，后来［打］井［打］到七八米才有水。（新华社 2004 年新闻稿）

例（40）当然，我不会让她［打］工［打］到连书都念不好的地步。（1994 年报刊精选）

例（38）的"三年"、例（39）的"七八米"以及例（40）的"连书都念不好的地步"一般会被理解为时间过长、数量过大、程度过深，超出了作者的心理期待，这可以从上下文文意得到印证。

再来看第二大类，即带"得/不"表示可能性的一类补语。上文说过该类补语出现在重动句中时有很强的否定倾向。人们对动作行为的可能性有所期待时，总是倾向于正向的、积极的一面，因此可以说带"得"的肯定式是正常期待，带"不"的否定式是超常期待，后者自然更符合重动句的句式语义要求，因而在出现频率上具有明显优势。

最后是带"得"的状态、程度补语。这一类补语在形式上似乎不受限制，但在语义上同样具有"超常性"。从实际用例来看，"得"后大多数带表示超常状态和超常程度的成分：

例（41）现在孩子左手［写］字居然［写］得工工整整，常受到老师表扬。（《人民日报》）

例（42）［写］生活［写］得如此细腻、生动的，过去还真是少见。（《读书》）

例（43）我爱人单位有个小伙子，［打］麻将［打］得不上班，被单位除名了。（《读者》）

即便是一些单看起来这种意味不那么明显的句子，放到更大的语篇中也可以看出说话人的"超常"用意：

例（44）而关秀姑人又漂亮，还能给你当保镖，当警卫员，一身好武功，［写］字［写］得也很漂亮，又温柔又细心，那你为什么不要她呀？这个秘密何在呢？这里面就写出了中国男性知识分子的一个致命的缺点，就是中国男人特别是知识分子是有问题的，他们喜欢什么样的女人呢？他们总是喜欢那些明显不如自己的女人，中国男人不喜欢女强人，不喜欢一个很全面的各方面隐隐约约能超过自己的女人。（百家讲坛）

这一例单看"写得很漂亮"似乎没有太多的"超常性"可言，但考察整个语段之后发现，例（44）中写关秀姑除了会武功、性格好，连写字也写得漂亮，总体来看各方面都超过了中国男人对女人的一般期待。

四、重动句的回避使用

尽管重动句有其特定的句式语义，在一定情况下也能成为说话人的优势选择，但上文已经提到，重动句容易自拟，在实际语料中却难以觅其踪迹。那么，这一句式通常出于哪些原因被回避？本文尝试以语言表达中的信息量原则为依据做出一些推测。

根据话语"一次一个新信息"（Du Bois，1987）的信息量限制，同一小句不大可能出现两个动词短语都提供新信息、都成为焦点的情况，因此才有了重动句"前轻后重"的格局。尽管如此，一般来说 V_1NP_2 仍为上文未出现过的新信息，这一信息加上补语中的焦点成分，小句中需要听话人处理的信息量还是超过了常态的加工处理要求，说话人为了分化信息量常采取其他表达策略。而如果 NP_2 信息量为零，即隐含在动词语义中，完全可由动词推知，往往无须表达出来，因此例（45a）比例（45b）更常见：

例（45a）昨天我们［聊］得很高兴。

例（45b）昨天我们［聊］天［聊］得很高兴。

另一方面，NP_2 为旧信息（定指成分）时，主谓谓语句、"把"字句等又成了更具优势的选择。

此外，在很多情况下，V_1NP_2 和 V_2C 作为新信息其实都是说话人需要突出的，即说话人希望听话人同时注意 NP_2 和 C。这时候说话人往往拆分 V_1NP_2、V_2C，如：

例（46）李煜……作为一位才子词人，他又是何其擅长来表现生活中的美，这两首词都是［写］美，都［写］得非常细致。（百家讲坛）

这个例子的信息分化比较突出，先点出词的内容，再说明词的境界，二者明显都是听者所没有、所期待的新信息，两个独立的小句满足了交际中一个小句传递一个新信息的原则。再来看上文提到过的例（11）：

例（11）"他要偷我的东西，我就［打］了他，［打］得重了点。"（《橡皮人》）

这里第一个小句加"了"，凸显两个叙述焦点，而重动句只有 V_2C 能加"了"，说明 V_1NP_2、V_2C 分化后在语义上、句法上都增强了独立性。下面的句子则更好地诠释了"重动"与"分化"：

例（47）全诗是说本来是求年青的爱侣却得到一个弓腰驼背的老头子，也就如［打］鱼而却［打］到了虾蟆的那样。（《读书》）

如果去掉其中的关系词"而却"，"打鱼打到了虾蟆"则变成了重动句。加上关系词，表达了期望与事实的相悖，却拆开了重动结构。这说明重动句是一个整体句式，在同时关注宾语和结果两个成分时需要采取一些策略瓦解该句式。

可以看出，重动句对于 V_1NP_2 的处理可以看成是表达上的一种"妥协"，既要引出新信息，又不能突出新信息，这不但在语言表达中不太常见，也与"一次一个信息"的原则形成了一定程度的矛盾。

参考文献：

［1］陈平. 释汉语中与名词性成分相关的四组概念［J］. 中国语文，1987（2）.

［2］载耀晶. 试说汉语重动句的语法价值［J］. 汉语学习，1998（2）.

［3］范晓. 复动"V 得"句［J］. 语言教学与研究，1993（4）.

［4］李讷，石毓智. 1997 汉语动词拷贝结构的演化过程［J］. 国外语言学，1997（3）.

［5］吕叔湘. 现代汉语八百词［M］. 北京：商务印书馆，1980.

［6］沈家煊. 如何处置"处置式"——论把字句的主观性［J］. 中国语文，2002（5）.

［7］唐翠菊. 现代汉语重动句的分类［J］. 世界汉语教学，2001（1）.

［8］王灿龙. 重动句补议［J］. 中国语文，1999（2）.

［9］王力. 中国语法理论［M］. 北京：中华书局，1944.

［10］项开喜. 汉语重动句式的功能研究［J］. 中国语文，1997（4）.

［11］赵元任. 汉语口语语法［M］. 北京：商务印书馆，1968.

［12］Du Bois, John. The discourse basis for ergativity［J］. *Language*，1987（63）：805−855.

［13］Goldberg，Adele. *Constructions. A Construction Grammar approach to argument structure*［M］. University of Chicago Press，1995：3−6.

［14］Tsau, Feng fu. On the So-called "verb-copying" Construction in Chinese［J］. *Journal of the Chinese Language Teachers Association*，1987，22（2）：13−43.

作者简介：

罗艺雪，博士，四川大学海外教育学院副教授，主要研究方向为现代汉语语法与对外汉语教学。

轻动词理论与汉语句法研究

王 燕

四川大学海外教育学院

摘　要：本文分析了轻动词理论在汉语句法研究中的应用，重点介绍了黄正德和林宗宏的轻动词理论，并总结了轻动词理论在现代汉语研究中的作用。

关键词：轻动词；汉语句法；论元

The Light Verb Hypothesis and the Study of Chinese Syntax

Wang Yan

School of Overseas Education，Sichuan University

Abstract：This paper mainly introduces the light verb theory of Huang Zhengde and Lin Zonghong，then summarizes the roles of light verb theory in modern Chinese studies. Light verbs can express events of different meanings. Light verbs can help import different external theta.

Key words：light verb；Chinese syntax；theta

　　轻动词是一种功能性语类，不带有具体的词汇意义，主要是表达动词的句法—语义属性，最早由格雷姆肖和阿瑞米（Grimshaw & Armin，1988）提出，他们在约束与管辖（GB）理论框架下对日语轻动词结构的句法和语义性质展开了系统研究。在 GB 理论后期，黑尔和凯泽（Hale & Keyser，1993；1997）提出句法组构理论，采用了语音上没有显性表现的轻动词来推导复杂的句法结构。1995 年乔姆斯基（Chomsky）在最简方案中构建了轻动词这一特殊语类，并在 2001 年和 2008 年提出的语段推导中，将其视为一个语段边界。目前轻动词理论已被很多专家和学者用来解释各种语言现象，本文将对轻动词理论在汉语句法研究中的应用进行系统梳理和分析。

一、黄正德与林宗宏的轻动词理论

黄正德（1997）在生成语法发展的成熟阶段，对乔姆斯基的轻动词理论进行了修正和扩展，提出轻动词实际上就是事态谓词（eventuality predicate），它不但是谓语的核心成分，还对语句表达的事件进行了分类。黄正德（Huang，1991）最先将轻动词理论引入到现代汉语句法的研究，具体分析了现代汉语的四种构式：使役构式（Causative constructions）、所有格宾语构式（Possessive object constructions）、涉及事件量化的构式（Constructions involving event quantification）、属格施事构式（Genitive agent constructions）。通过对汉语句法构式的分析，黄正德认为英语的轻动词结构先经历了一个词汇化过程，然后才以独立的词项形式进入句法，而汉语轻动词结构不需要经历词汇化就能直接进入句法。

黄正德的轻动词理论也更加明确了轻动词的句法功能，赋予了轻动词指派论元的能力，不再把轻动词作为一种特殊的空语类，而是根据句子所反映事件的内部时间结构，将轻动词做了分类，用 "DO、BECOME、CAUSE、OCCUR、HOLD、EXPERIENCE" 等具有具体语义内容的符号对种类不同的轻动词进行描写，从而让轻动词有了明确的语义内容。另外该理论还进一步扩大了轻动词的适用范围，认为各类动词的句法语义结构中都存在轻动词，不同的轻动词和不同的动词类别相对应，所有行为动词都是谓词 "DO" 的补足语，起始态谓词内嵌于 "BECOME" 或 "OCCUR" 之下，状态动词则内嵌于 "BE" 或 "HOLD" 之下，使役结构内嵌于 "CAUSE" 之下。如：

1）听　　　　　　　　行为动词（Activity）

[x DO [x 听]]

2）听音乐　　　　　　行为动词（Activity）

[x DO [x 听音乐]]

3）瘦（变瘦）　　　　起始态动词（Inchoative）

[x BECOME [x 瘦]]

4）瘦（瘦弱）　　　　　静态动词（Stative）

［x HOLD［x 瘦］］

5）讨厌　　　　　　　　静态动词（Stative）

［x HOLD［x 讨厌 y］］

6）洗净　　　　　　　　使役结构（Causative）

［x DO［x CAUSE［BECOME［y 洗净］］］］

林宗宏（2001）沿用了 Huang（1997）的观点，将轻动词做了进一步发展，用大量的汉语事实论证事件性谓词（轻动词）在汉语句法结构中的作用，提出轻动词是可以组成事件的特定部分的体谓词。他认为在现代汉语中有以下三类轻动词：

（1）向主语指派题元的轻动词（subject-selecting light verbs）。如：

DO　　　　　　　　　　施事（agentive）

EXIST　　　　　　　　　处所（existential）

CAUSE　　　　　　　　致使（causative）

OCCUR　　　　　　　　处所/时间（location/time）

（2）向宾语指派题元的轻动词（object-selecting light verbs）。如：

USE　　　　　　　　　　工具（instrumental）

AT　　　　　　　　　　处所/时间（location/time）

FOR　　　　　　　　　原因（reason）

（3）不带指示语的轻动词（light verbs without specifier）。如：

－了，－着，－过　　　体标记（aspectual markers）

－得　　　　　　　　　附加成分标记（the extension marker）

这些轻动词在汉语句法结构中的主要作用是形成事件和指派题元，林宗宏还通过研究现代汉语行为动词的题元结构和主宾语的选择问题，认为汉语的主语和宾语的题元都不是通过句子的动词指派，而是由轻动词引入。现代汉语的谓语结构由轻动词和其补足语构成，轻动词具有表达事件功能的重要作用。

二、轻动词理论的应用

在黄正德和林宗宏的轻动词理论框架下，国内语言学界也开始对汉语句法结构进行重新描写和分析。黄锦章（2004）最早对句法学中的轻动词理论及其在汉语中的运用做了清晰而详细的阐述。朱行帆（2005）利用轻动词对不及物动词带宾语的现象进行了研究，认为底层结构补足语 VP 中的动词和轻动词合并生成表层结构。冯胜利（2005）讨论了古汉语中轻动词促发的移位现象。刘贤俊（2008）对汉语中能用"N＋N"形式进行句法命名的轻动词模式进行了探讨。邓思颖（2008）以轻动词的分析为切入点来研究汉语的词法—句法接口的问题，认为汉语词法中没有轻动词。宋作艳（2011）利用轻动词对事件强迫进行了研究，给出了事件强迫的判定标准，尤其是宾语强迫的轻动词补位。王姝（2015）认为"V 个 X"结构不是基础生成，而是轻动词促发移位操作的结果。瞿清旭（2016）采用轻动词视角分析"你（我）＋X＋死＋我（你）"句式及其成因。钟书能和石毓智（2017）指出了轻动词理论在研究汉语双宾语结构的问题上的局限性。此外在一些采用生成语法框架研究汉语问题的专著中，也有利用轻动词来分析某些汉语句法结构的成果（熊仲儒，2004，2011；徐杰，2004；何元建，2011；等）。这些已有的研究成果证实了轻动词在汉语句法结构中具有重要作用，具体表现在三个方面。

（一）轻动词是汉语句子的中心

自乔姆斯基（1986）以来，"X－阶标理论"被扩充延伸到各个功能语言单位。根据扩充的"X－阶标理论"，每个短语都是由一个中心语投射而来，进而形成性质不同的结构位置，各个成分又被归入"支配"（dominate）和"C－统制"（c-command）两大结构中。所有的词组结构遵循着两叉分支的原则，各级各类句法结构都将符合 X－阶标结构，都是单一中心的向心结构。如图 1 所示：

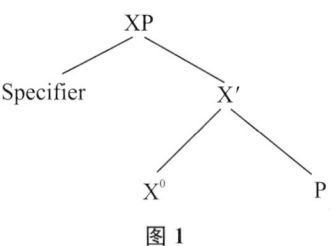

图 1

"X⁰"是短语结构的中心，"X'"是一个变项，它可以是名词、动词、形容词、介词等词汇语类，也可以是标句词"C"（complementizer）和表示曲折范畴的"时、体、数"等功能语类。

根据"X-阶标理论"，句子结构也是一种向心结构，对于具有丰富形态变化的印欧语言来说，句子结构的中心就是以曲折范畴为中心的短语，一般简称"IP"，如下图2：

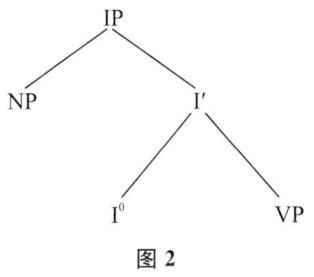

图 2

这个"IP"的指示语（specifier）成分就是句子的主语 NP，补足语（complement）成分就是句子的谓语 VP。在这个向心结构中，"I⁰"作为核心发挥着主要作用，不但要给指示语（specifier）位置上的 NP 指派论元，还要对谓语进行限制，保证生成合乎语的句子。

相对而言，汉语作为孤立语，一直很难找到特定的成分作为汉语句子结构的中心。徐杰（1993）曾经提出并论证了汉语的句子和英语一样，都有中心成分，只是具有的内容是不同的，英语句子的中心是曲折范畴"IP"，而汉语句子的中心是一个零形式的功能项，不具有语音的外在形式。他把这个功能项叫作"谓素（predicator）"，"谓素（predicator）"的主要语法功能就是能把它的补足语成分（动词、动词性短语、形容词、形容词性短语等）都转化为一个"谓语"，同时能让其跟主语产生合法的"主谓关系"（predication relationship）。比如在一定的句法条件下汉语名词也可以充当谓语，但是英语只有动词和动词短语才能充当谓语，形容词和名词是不能充当谓语，这一差别完全是由两种语言具有性质不同的中心语造成的。

其实徐杰（1993）所说的"谓素（predicator）"大体上相当于黄正德（1997）所说的轻动词，黄正德把轻动词称为"事件性谓词（eventuality predicates）"，作为谓语部分的核心成分，具有给"NP"指派论元的能力。林宗宏（2001）支持黄正德的轻动词理论，认为轻动词才是句法研究的重点，该理论尤其对特殊的句法形式具有很强的解释性。

（二）轻动词可以表达不同意义的事件

轻动词是一种功能性语类，在现代汉语中常常表现为零形式，也就是没有语音形式，有时候也以语音形式的自由语素或词缀的形式出现，以此来帮助谓语动词表达不同的事件，是一个重要的句法手段。如：张三打了李四。

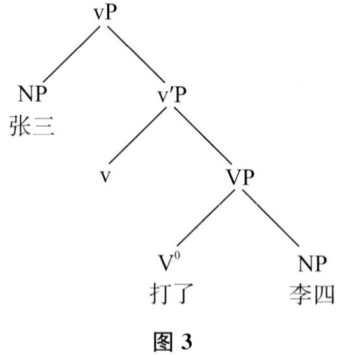

图 3

句子"张三打了李四"意思是"张三执行了一个打李四的活动"，句子中含有一个零形式的轻动词"DO"，帮助谓语表达执行的功能语义。再如：张三把李四打了。

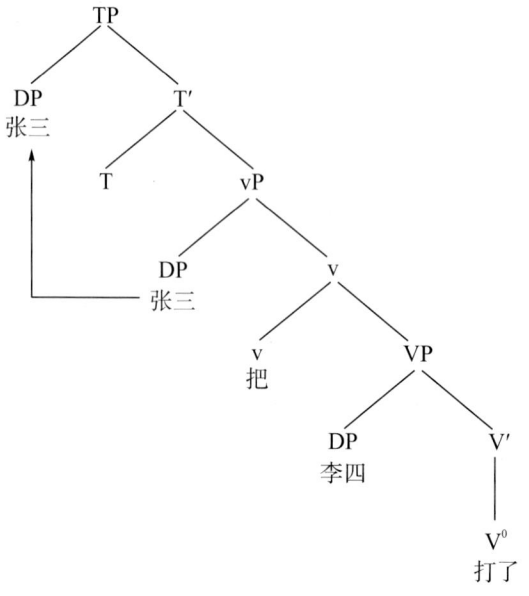

图 4

句子"张三把李四打了"就具有了"处置"义，句中"把"是句法轻动词"v"的语音实现，并无具体、明确的词汇意义，只是在特定的条件下为了满足"v"强词缀特征而插入的一个语音成分，当然"把"也有不同的语音实现方式，如"将"等，具有相同作用，可帮助谓语表达出"处置"的功能语义。

（三）轻动词可以帮助导入不同的外部论元

根据生成语法的论元指派理论，只有谓语动词本身以及含有谓语动词的一阶投射才能指派论元。如：

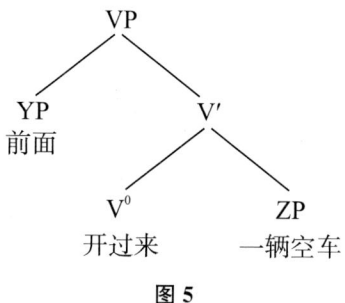

图 5

图 5 中，"V⁰"向"ZP"指派客事论元，"V'"向"YP"指派处所论元，谓语动词"开过来"将客事论元指派给"一辆空车"，"开过来一辆空车"再把处所论元指派给"前面"。

按照生成语法的最简方案，语言中的谓语动词几乎都是由轻动词和谓语动词组成的双层结构，如图 6 所示：

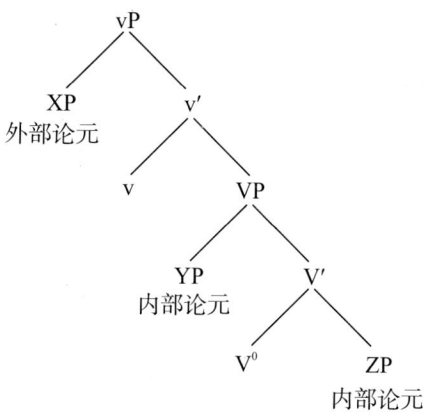

图 6

从图 6 可以看出，轻动词 "v" 有一个重要的功能，就是为整个动词短语结构提供了一个额外的论元位置。谓语动词 "V" 可以向 "YP" 和 "ZP" 指派论元，但是主语位置上的 "XP" 的外部论元却不能直接由谓语动词指派，而是由轻动词 "v" 吸引主要谓语动词并与之合并，然后再向主语 "XP" 指派。比如，现代汉语中同一谓语动词是可以带不同类型的主语的：

a 他开着一辆大卡车。　　（施事）

b 公路上开着一辆大卡车。（处所）

c 这辆卡车开得我吓死了。（致使）

a 句中的 "开" 构成的动词短语和表示执行意义的轻动词短语 "DO" 合并，向主语 "他" 指派施事论元；b 句由谓语动词 "开" 构成的动词短语和表示存在意义的轻动词 "EXIST" 合并，向主语 "公路" 指派处所论元；c 句由谓语动词 "开" 构成的动词短语和表示致使意义的轻动词 "CAUSE" 合并，向主语 "这辆卡车" 指派致使论元。

三、小结

轻动词不是一个封闭的词类，而是为了便于句法分析而构造出的一个功能语类，句法功能很强，词汇意义很微弱，主要包括有语音形式的轻动词和零形式的轻动词。目前轻动词理论在汉语句法结构的研究中得到越来越高的重视，对很多语言现象具有极强的解释性，为更加深入地了解现代汉语动词的结构本质提供了一种新的研究思路。

参考文献：

[1] Borer H. *Parallel Morphology* [D]. University of Massachusetts Amberst，1993.

[2] Chomsky N. *The Minimalist Program* [M]. Mass：MIT press，1995.

[3] Grimshaw J，Armin M. Light Verbs and Ø-Marking [J]. Lingistic Inquiry，1988 (2).

[4] HaleK，Keyser S J. The View from Building 20：Essay in Linguistics in Honor of Sylvain Bromberger. On Argument Structere and the Lexical Expression of Syntactic Relations [M]. Mass：MIT Press，1993.

[5] HaleK，Keyser S J. *On the Complex Nature of simple Predicators* [M]. Stanford：CSLI Publications，1997.

［6］ HaleK，Keyser S J. A Response to Fodor and Lepore" Impossible Words?" ［J］. *Linguistice Inquiry*，1999（30）.

［7］ Huang C－TJames. On Lexical Structure and Syntactic Projection ［J］. *Chinese Languages and Linguistices*，1997（3）.

［8］ LarsonR. Bare－NP Adverbs ［J］. Linguistic Inquiry，1985，16（4）.

［9］ Lin. T－H. Jonah. *Light Verb Synatax and Theory of Phrase Structure* ［D］. University of California，Irvine，2001.

［10］ Marantz A. *Creating Words Above and Below Litte V* ［M］. Mass：MIT Press，1999.

［11］ 邓思颖. 轻动词在汉语句法和词法上的地位 ［J］. 现代中国与研究，2008（10）.

［12］ 冯胜利. 轻动词位移与古今汉语的动宾关系 ［J］. 语言科学，2005（1）.

［13］ 何元建. 现代汉语生成语法 ［M］. 北京：北京大学出版社，2011.

［14］ 黄锦章. 轻动词假设和汉语句法研究 ［J］. 汉语学习，2004（6）.

［15］ 黄正德. 汉语的题元结构与其句法表现 ［J］. 语言科学，2007（4）.

［16］ 刘贤俊. 句法命名中的轻动词模式 ［J］. 世界汉语教学，2008（2）.

［17］ 瞿清旭. 轻动词视角下的"你（我）＋X＋死＋我（你）"句式及其语用成因研究 ［J］. 现代语文（语言研究版），2016（6）.

［18］ 宋作艳. 轻动词、事件与汉语中的宾语强迫 ［J］. 中国语文，2011（3）.

［19］ 熊仲儒. 现代汉语中的致使句式 ［M］. 合肥：安徽大学出版社，2004.

［20］ 熊仲儒. 现代汉语中的功能范畴 ［M］. 芜湖：安徽师范大学出版社，2011.

［21］ 徐杰. 普遍语法原则与汉语语法现象 ［M］. 北京：北京大学出版社，2004.

［22］ 王姝. "V 个 X"结构的生成：轻动词解释 ［J］. 语文教学与研究，2015（4）.

［23］ 钟书能，石毓智. 汉语双宾结构的构式语法视角研究 ［J］. 外语研究，2017（3）.

［24］ 朱行帆. 轻动词和汉语不及物动词带宾语现象 ［J］. 现代外语，2005（3）.

作者简介：

    王燕，教育硕士，四川大学海外教育学院讲师，主要研究方向为第二语言习得、现代汉语语法。

方　言

龙泉茶店镇方言音系及其在成都
地区方言史上的意义[*]

何　婉

四川大学海外教育学院

摘　要：龙泉位于四川省成都市东面近郊，地处成都平原东部。茶店镇位于
龙泉驿区东南部，距离天府广场的直线距离为 32.1km，所处地带
正是一个保留了"南路话"底层的方言岛，该地方言呈现"湖广
话"表层和"南路话"底层特征。本文通过田野调查的方法对茶店
镇语音进行记录和调查，并分别将其与"湖广话"和"南路话"进
行对比分析，从而全面展现茶店镇方言音系及其特征，并分析该方
言在成都地区方言史上的意义。

关键词：茶店话；音系；"南路话"底层"湖广话"表层

Longquan Chadian Village Phonetic System and
Its Meaning in the Dialect History of Chengdu Area

He Wan

School of Overseas Education，Sichuan University

Abstract：Longquan is located in east Chengdu suburbs，and Chadian
county is located in southeast Longquan district，32.1 kilometres
away from Tianfu square，forming a dialect island of underlying
southern dialect. The dialect of this area has the character of

---

　＊　本文获 2018 年度四川大学中央高校基本科研业务费研究专项（哲学社会科学）项目"成都方
言对四川大学留学生汉语学习的影响研究"资助，项目批准号：2018soe－11。

Hubei and Guangdong dialect surface layer and underlying southern dialect. By comparing the dialect of Chadian county with Huguang dialect and southern dialect，this paper investigated and recorded the dialect of Chadian country using field investigation method and analyzed the meaning of this dialect in the history of Chengdu dialect.

Key words：Chadian dialect；phonetic system；underlying southern dialect；Hubei dialect and Guangdong dialect surface

一、概况

（一）地理位置

龙泉驿区地处成都平原东缘，位于东经 104°08′28″～104°27′12″、北纬 30°28′57″～30°46′46″之间；境域东西长 29.8 公里，南北宽 28.75 公里；辖区面积为 558.740 2 平方公里。龙泉山是成都平原和川中丘陵的界山。龙泉驿区是四川省省会成都市所辖的九区之一，位于成都中心城区东部偏南、龙泉山脉中段，其西端紧接成都市成华区、锦江区，北端与成都市新都区、青白江区为邻，东端连接成都市金堂县和资阳市的简阳市，南端与成都市双流区、资阳市的简阳市接壤。

茶店镇① 1994 年由原天鹅乡与茶店乡两乡合并而成，隶属四川省成都市龙泉驿区，因古驿道上的茶铺得名，位于龙泉驿区东南部、龙泉山脉中段东坡，东南与简阳市石盘镇接壤，西与龙泉驿区山泉镇毗邻，北与同安镇、万兴乡相接连。镇政府驻地距成都市区 31 公里，距龙泉驿城区 15 公里。全镇辖区面积 63.5 平方公里，耕地面积 1.52 万亩，辖 8 个行政村、1 个场镇社区、113 个村民小组，5 252 户，农业人口 1.6 万人，非农业人口近 2 000 人。盛产水蜜桃、枇杷等水果。乡村公路 76.58 公里，村村通了水泥、沥青路，交通便利。距离天府广场的直线距离为 32.1km，见图 1：

---

① 茶店镇地理概况常住人口等数据来自四川百科信息网 http：//sc. zwbk. org/

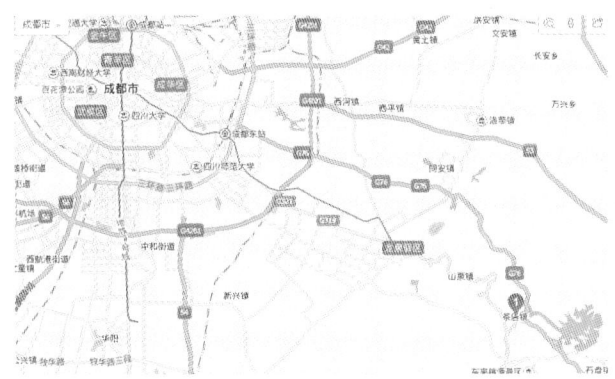

图 1　龙泉驿区茶店镇地理位置图

注：图中①为今龙泉茶店镇所在地。

龙泉地区以客家话为主，以洛带为中心形成了一个巨大的客家话方言岛，为了和成都本地人交流，龙泉客家人基本都会说客家话和湖广话。茶店镇位于龙泉驿的东南面，和山泉镇相邻，当地人都称这两个场镇为"山上"，山泉茶店人去龙泉或成都也称自己到山下去。由于这种特殊的地理位置，当地方言没有受到客家话的影响，当地人称自己说的不是客家话，也不同于成都话。

（二）田野调查情况

调查时间：2015 年 8 月 15 日。调查地点：发音人家里。调查人：何婉。本次调查受到龙泉朋友的帮助，再次表示感谢。

龙泉驿区茶店镇发音人张富华，64 岁，初中文化，出生在龙泉驿区茶店镇长丰村 9 组，除成年后外出打工两年，一直没有离开过茶店镇，且父母均是茶店人，从 30 岁左右开始一直在文化站工作。妻子也是本地人，生活和工作语言均为茶店话。

以笔记本电脑录音，使用德国拜尔动力 TG H55c 话筒，AVID MBOXMINI 声卡，录音参数为：采样率32 000Hz、16 位、单声道、最大录音长度 5 秒、波形显示长度 5 秒。录音分析软件使用上海师范大学语言研究所研发的"斐风＿语言田野调查及分析系统 2.1.2"版本。录音字表以中国社会科学院语言研究所的《方言调查字表》为基础，再根据成都方言词汇系统的自身特点加以筛选，最终调查字数为3 961（实际录音字数略有变动）。发音人用本地话依次读字表。笔者用"斐风"听记音，再由周及徐教授听校，用"斐风_语言田野调查及分析系统 2.1.2"分析音系，用 Praat 软件分析声调调值，使用科学计算软件 matlab7.0 来完成计算作图工作。

二、音系

（一）声母及代表字

p 波巴/被步	ph 配怕/排陪	m 眉毛抹卖米	f 夫/肺/扶	v 无五污
t 多肚/大但	th 土太/图逃	ȵ 你/念泥尿		l 努奶罗乳
ts 左/在/著柱	tsh 粗/存/词		s 锁/松/寺事	z 人肉然入
/榨/状/注	/超/场/抄/愁		/沙/蛇/射	
	/吹/船/晨		/书/殊/社	
tɕ 姐/尽/假/旧	tɕh 取/前/囚/溪/群		心/斜/叙/戏/夏/熊	
k 个盖/共跪	kɕh 夸裤/狂葵	ŋ 我咬/硬矮	x 火花/含后	
ɸ 尾万/二耳/牙饿/优压/右圆/也余				

1. 声母描写

龙泉茶店话共 21 个声母，其中包括 20 个辅音声母，1 个零声母，具体如下：

（1）/p ph t th k kh/：清塞音，听感上与普通话基本一致，发送气音时气流相对较强。与成都市区话声母相比，龙泉茶店话清塞音听感并无差别。

（2）/f/：摩擦程度较重，从听感上比普通话摩擦持续时间相对略长。

（3）/n l/：自由变读，为同一音位的自由变体，龙泉茶店人多数情况下读 l-，对于本地人也没有区别意义的作用，所以全部记为 l-。ȵ-主要出现在齐齿呼和撮口呼前，与 l 读音界限分明，"泥≠梨，尿≠廖，女≠吕"。

（4）塞擦音只有两套，即 ts-、tɕ-。没有 tʂ-这一套声母，听感和普通话以及成都市区音无异。

（5）/z/：浊擦音，摩擦程度跟普通话相比要重一些，如：仍 zən31，弱 zo31。

（6）/v/：唇齿浊擦音，发音时摩擦音非常明显，仅与韵母-u 相拼，如：乌 vu，五 vu。

（7）/ŋ/：舌根浊鼻音，与成都市区相比，听感无异。

2. 声母特点

声母特点有以下五个：

（1）泥来组字，来母读 l，泥母字洪混细分，洪音前读 l，细音前读 ȵ，如："拉蓝郎乃男嫩内"等读 l，"念娘你尿年女"等读 ȵ。

（2）部分见系二等字读洪音：见母"皆阶街解"读 k，匣母"鞋咸衔陷项行杏苋蟹"读 x。

（3）定母仄声字"导调"读送气 tʰ。

（4）日母止摄读 ɚ，如："而儿耳尔饵二"，其余全读 z，如："惹如饶柔热日弱"。

（5）影疑两母开口洪音多读 ŋ，如：影母"哀矮欧樱"，疑母"崖硬"。

（二）韵母及代表字

ɿ 值时只指侄	i 比米皮地气	u 布补助普树	y 女婿于句趣
A 把八马大差	iA 架家掐匣下	uA 花瓜娃画耍	
o 木六不薄服	io 觉屈略乐药		
ə 十石吃拾什			
e 拆舍墨窄白	ie 必笔贴灭笛	ue 获国阔括喂	ye 雪血决月缺
ɚ 二而耳儿尔			
ai 卖太改爱买	iai 械解懈芥谐	uai 坏外摔快歪	
ei 杯飞肥秘配		uei 岁退最岁追	
au 扫毛闹到要	iau 调表教要标		
əu 斗收都头周	iəu 九留就右求		
an 班反蛋馒头	ian 面变见钱边	uan 万转软团暖	yan 鲜沿选元捐
en 能分吞本顿	in 民亲心定性	uen 文昏困闻孕	yn 营均荣寻云
aŋ 忙方帮长糖	iaŋ 乡两量将强	uaŋ 双王网庄框	
oŋ 猛动朋松懂	ioŋ 拥穷用融荣		

1. 龙泉茶店镇元音舌位图

我们画出龙泉茶店镇的主要元音舌位，见图 2。

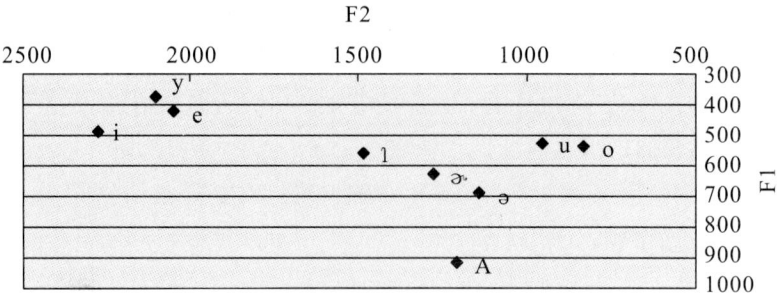

图 2　龙泉驿区茶店镇声学元音舌位图

2. 韵母描写

龙泉茶店话韵母共 37 个。其中，单元音韵母 9 个，复元音韵母 15 个，鼻音韵母 13 个。为了音系的简明，本文均采用宽式音标记音，每节描写部分加以说明。

（1）/ɿ/舌尖前元音，只能和舌尖擦音和舌擦音结合，不能单独构成音节，茶店话中的-ɿ 比普通话中的-ɿ 略低些，如：日 zʅ31，子 tsɿ52，刺 tshɿ113。

（2）/i/前高元音，可单独构成音节，也可单独作韵母，还可作韵头或韵尾，在做韵尾时，茶店话发音中-i 的舌位较低，根据实际发音记为/ɪ/更合适，如：几 tɕi52，牙 iɑ31，害 xɑɪ113。

（3）/ʋ/后高元音，单独做音节时发音擦化现象很明显，前面带上唇齿浊音声母 ʋ-，如午 vu，五 vu。-u 作介音时，没有标准-u 那么圆，如瓜 kua35，抓 tsua35。做主元音时，唇形较扁。与唇齿擦音声母构成音节时，受到前面辅音的影响而唇齿化，如服，府都读作 fv。在/au/、/iau/、/ou/、/iou/中，-u 发音时舌位更低，唇形不圆，仅仅表示主元音向韵尾 u 滑动的一个趋势。

（4）/y/前高元音，圆唇，可单独构成音节，可作韵母，也可作韵头或韵尾，茶店话中的-y 单独作韵母时和标准元音中的-y 一致，如旅 ly52，居 tɕy35，遇 y113。作为介音时，舌位比标准元音-y 偏低，实际读音记为/ʏ/，如选 ɕʏæn52。

（5）/a/音位，有多个变体，在叹词中可单独构成音节，如啊 ɑ，也可单独作韵母，如达 tɑ31，把 phɑ52。可前加韵头，后加韵尾，如假 tɕia52，好 xau52，班 pan35，实际读音和央/ʌ/有些出入，受到韵尾的影响，在 ian、 yan 中近于 /æ/，在 iai 中近于 /ε/，其他的近于 /ʌ/。茶店话的央 /ʌ/ 比普通话的发音偏高偏前一点。此处记为 /ʌ/。

（6）/o/ 后半高元音，可单独构成音节，如哦 o31，可单独做韵母；如波 po35，磨 mo31；可前加韵头，后加韵尾，如脚 tɕio31，风 foŋ35。发音部位比标准 -o 略高，发音时肌肉较紧，听感上较普通话干脆短促。

（7）/ε/ 前半高元音，作叹词时可以单独构成音节，如招呼人说 e52；可单独作韵母，如给 ke35、得 te31；可前加韵头，后加韵尾，如扩 khue31，杯 pei35，单独作韵母时记为 /ε/ 更为合适，在 /ie/、/ye/、/ue/ 中，舌位相对要低一些。记为 /E/ 更合适。

（8）/e/ 央元音，古入声字韵母，主要是止曾梗臻深摄开口三等知系字，如十 se31，吃 tshe31。

（9）/ər/ 卷舌元音，一般自成音节，不和其他声母相拼，如儿 ər31，二 ər113，耳 ər52。个别白读中有儿化过程中将前字的声母与后缀 er 直接拼读的情况，如"啵儿" /pᵀᴹ35/、"泡儿" /phᵀᴹ113/ 等。

（10）茶店话中，鼻音韵尾 /n/ 在茶店话中发音弱化，个别人发音时韵尾基本脱落，/æn/、/iæn/、/uæn/、/yæn/ 四个韵母中，主元音的舌位比 /a/ 微微上升，读音与 /æ/ 接近。

（三）声调

龙泉茶店镇有声调 5 个，下面是各个声调的调值及其代表字：

阴平 35 巴批非灾操勾　　上声 52 把组抢写　　去声 113 坝烫再记/步大具共/
　　　苏知抽妆师　　　　　/乃览咬雨　　　　　　　骂认艺/部父道柿
阳平 31 爬池长球/麻男人而/笔白墨竹
声调描写与说明：
pratt 软件测出声调例字基频最高值 274.4Hz，最低值 84.8Hz。
1 阴平为中升调，在 3 度和 5 度之间；
2 阳平为中降调，部分字调头稍低，接近 21 调；
3 上声为高降调，在 5 度和 2 度之间；
4 去声为升调，音节比其他调类的音节时长稍长；
图 3 为龙泉驿区茶店镇的声调曲线图；

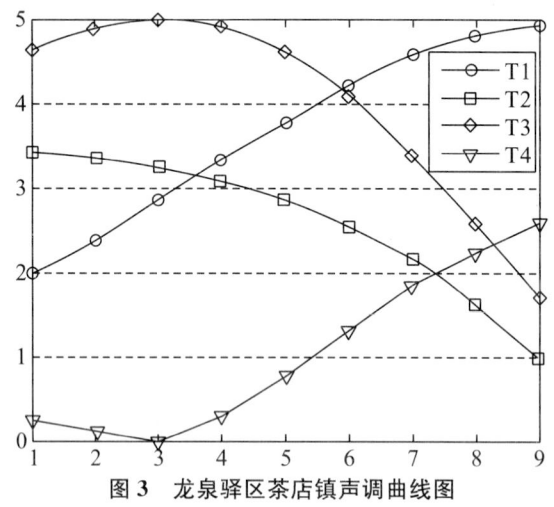

图 3　龙泉驿区茶店镇声调曲线图

三、茶店镇方言和成都方言音韵特征以及南路话音韵特征比较

依据周及徐《南路话和湖广话的语音特点——兼论四川两大方言的历史关系》中根据南路话与成渝话的音系比较归纳出的 21 条语音特征，从声韵调方面将茶店话和成都话①、重庆话以及崇州②进行比较。

（一）声母特征

（1）声母中舌尖前音 ts 与舌尖后音 tʂ 的读法。

方言点	住	吃	十	直
茶店	tsu—4③	tshə—2	sə—2	tsɿ—2
成都	tsu—4	tshɿ—2	sɿ—2	tsɿ—2
重庆	tsu—4	tshɿ—2	sɿ—2	tsɿ—2
崇州	tsu—4	tshə—5	sə—5	tsə—5

---

①　成都数据库四川师范大学文学院 2008 级研究生何婉调查记音，周及徐教授校对数据库。

②　崇州数据库四川师范大学文学院 2012 级研究生毕圆调查记音，周及徐教授校对数据库。

③　为了更清楚地比较语言特征，注音后面只标注调类，分别用 1、2、3、4、5 表示阴平，阳平，上声，去声，入声。成都话调值阴平 35，阳平 31，上声 52，去声 212；茶店话调值阴平 45，阳平 31，上声 51，去声 213，入声 32；崇州话调值为阴平 45，阳平 31，上声 51，去声 324，入声 33。

　　茶店话、成都话、重庆话、崇州话读法一致，知章系入声字声母中舌尖前音 ts 与舌尖后音 tʂ 没有形成对立，tʂ－一律变为 ts－，都读作平舌，知系字混同精组字。

　　（2）泥来母一、二等字相混，三、四等字的区分情况。

方言点	南	兰	你	离
茶店	læn-2	læn-2	ȵi-3	li-2
成都	lan-2	lan-2	ȵi-3	li-2
重庆	nan-2	nan-2	ni-2	ni-2
崇州	næn-2	næn-2	ȵi-3	li-2

　　茶店话、成都话、崇州话读法一致，都是泥来母一二等字相混，三四等字区分，形成"n-/l-"与"ȵ-"对立的情形，即是古泥来母字，在今洪音"-a、-u、-e、-o"前相混，在细音"-i、-y"前则相互区分；重庆话泥来母完全相混。

（二）韵母特征

　　（1）古晓组字在-u 韵前的读法。

方言点	虎	荤	欢	挥
茶店	fu-3	xuen-1	xuan-1	xuei-1
成都	fu-3	xuen-1	xuan-1	xuei-1
重庆	fu-3	xuen-1	xuan-1	xuei-1
崇州	fu-3	xuen-1	xuæn-1	xuei-1

　　茶店话、成都话、重庆话、崇州话读法一致，都是古晓组字-u 韵前读为 f-，其余韵母前，晓组字读 x-。

　　（2）臻摄合口一三等端、泥、精组字是否失去-u 介音。

方言点	墩	孙	损	村
茶店	ten-1	suen-1	sen-3	tshuen-1
成都	ten-1	sen-1	sen-3	tshen-1

方言点	墩	孙	损	村
重庆	ten-1	sen-1	sen-3	tshen-1
崇州	ten-1	sen-1	sen-3	tshen-1

茶店话部分字保留-u-介音、如孙、村，成都话、重庆话、崇州话读法一致，臻摄合口三等都有丢失-u-介音的情况。

（3）麻韵三等精组见系字韵母的读法。

方言点	姐	且	爷	些
茶店	tɕie-3	tɕhie-3	ie-2	ɕi-1
成都	tie-3	thie-3	ie-2	ɕi-1
重庆	tɕie-3	tɕhie-3	ie-2	ɕie-1
崇州	tɕi-3	tɕhi-3	i-2	i-1

崇州话读-i，成都话和茶店话读-ie，在麻三精见系字上，一些常用字，如"些 ɕi1"等在三地均保留了南路话特征，但是受到北京话的影响，年轻人都读成-ie；重庆话全部读为 ie 韵。

（4）蟹摄合口舒声一等端泥组和山摄合口舒声一等端泥组字是否失去-u-介音。

方言点	对	推	内	端	卵
茶店	tuei-4	thuei-1	luei-4	tuan-1	luan-3
成都	tuei-4	thuei-1	luei-4	tuan-1	luan-3
重庆	tuei-4	thuei-1	nuei-4	tuan-1	nuan-3
崇州	tei-4	thei-1	nei-4	tæn-1	næn-3

崇州话丢失-u-介音，读开口，茶店话、重庆话与成都话保留-u-介音，读合口。

（5）果摄一等帮、端、见系韵母的读法。

方言点	哥	饿	螺	棵
茶店	ko-1	o-4	lo-2	kho-1
成都	ko-1	o-4	lo-2	o-1
重庆	ko-1	o-4	no-2	o-1
崇州	ku-1	u-4	nu-2	u-1

崇州话果摄一等主元音读-u，茶店话和成都话、重庆话一致，全读"-o"。

（6）"者蔗（也）"的读法。

方言点	者	蔗	也
茶店	tse-3	tse-2	ie-3
成都	tse-3	tse-2	ie-3
重庆	tse-3	tse-2	ie-3
崇州	tsai-3	tsai-4	iai-3

崇州话读-ai，茶店话和成都话、重庆话一致，读-e。

（7）山宕曾梗入合口一二等见系今读 uæ。

方言点	国	获	括	郭
茶店	kue-2	xue-2	khue-2	kue-2
成都	kue-2	xue-2	khue-2	kue-2
重庆	kue-2	xue-2	khue-2	kue-2
崇州	kuæ-5	xuæ-5	khuæ-5	kuæ-5

崇州话读-uæ，茶店话和成都话、重庆话一致读为-ue。

（8）咸、山、宕摄入声开口一等见系字的读法。

方言点	鸽	割	合	各
茶店	ko-2	ko-2	xo-2	ko-2
成都	ko-2	ko-2	xo-2	ko-2

方言点	鸽	割	合	各
重庆	ko-2	ko-2	xo-2	ko-2
崇州	kɘ-5	kɘ-5	xɘ-5	kɘ-5

崇州话读入声-ɘ，茶店话读阳平-o，成都话、重庆话读阳平-o。

（9）模韵帮系端组字的读法。

方言点	普	都	路	图
茶店	phu-3	tu-1	lu-4	thu-2
成都	phu-3	tu-1	lu-4	thu-2
重庆	phu-3	tu-1	nu-4	thu-2
崇州老派	pu-3	to-1	lo-4	tho-2

崇州话读-o，茶店话和成都话、重庆话读-u。

（10）咸、山摄入声开口一、二等帮端系庄组、三等知章组字的读法。

方言点	塔	八	答	袜
茶店	thA-2	pA-2	tA-2	uA-2
成都	thA-2	pA-2	tA-2	uA-2
重庆	thA-2	pA-2	tA-2	uA-2
崇州	thæ-5	pæ-5	tæ-5	uæ-5

崇州话读入声韵-æ，茶店话读阳平-A，成都话、重庆话读阳平-A。

（11）深、臻、曾、梗摄入声开口二、三等庄组字的读法。

方言点	测	责	虱	啬
茶店	tshe-2	tse-2	se-2	se-2
成都	tshe-2	tse-2	se-2	se-2
重庆	tshe-2	tse-2	se-2	se-2
崇州	tshæ-5	tsæ-5	sæ-5	sæ-5

崇州话读入声韵-æ，茶店话读阳平-e，成都话、重庆话读阳平-e。

（12）曾摄一等、梗摄二等开口入声帮、端、知、见系字的读法。

方言点	默	德	则	拍	百
茶店	me-2	te-2	tse-2	phe-2	pe-2
成都	me-2	te-2	tse-2	phe-2	pe-2
重庆	me-2	te-2	tse-2	phe-2	pe-2
崇州	mæ-5	tæ-5	tsæ-5	phæ-5	pæ-5

崇州话读入声韵-Q，茶店话读阳平-e，成都话、重庆话读阳平-e。

（13）山摄合口三、四等字以及宕、江摄开口二、三等入声精组见系字的读法。

方言点	缺	月	雀	脚	却
茶店	tɕhye-2	ye-2	tɕhio-2	tɕio-2	tɕhio-2
成都	tɕhye-2	ye-2	tɕhio-2	tɕio-2	tɕhio-2
重庆	tɕhye-2	ye-2	tɕhyo-2	tɕyo-2	tɕhyo-2
崇州	tɕhio-5	tɕhio-5	tɕhio-5	tɕio-5	tɕhio-5

崇州话全读入声-io，茶店话分两组，-ye，-io 均读阳平。成都话分两组，-ye，-io 均读阳平。重庆话分两组，-ye，-yo，均读阳平。

（14）臻摄入声合口三等精、见组字的读法。

方言点	戌	屈	倔	橘	駿
茶店	ɕio-2	tɕhio-2	tɕhio-2	tɕye-2	tɕhio-1
成都	ɕio-2	tɕhio-2	tɕye-2	tɕy-2	tɕy-2
重庆	ɕyu2	tɕhio2	tɕyu2	tɕyu2	tɕhy1
崇州	ɕio-5	tɕhio-5	tɕhio-5	tɕio-5	tɕhio-5

崇州话全读入声-io，茶店话分两组，-ye，-io，均读阳平，成都话分三组，-ye，-io，-y，均读阳平。重庆话分三组：-yu，-io，-y，均读阳平。

（15）臻摄入声合口一、三等帮组知系端、泥组字的读法。

方言点	不	突	物	出
茶店	po-2	tho-2	o-2	tsho-2
成都	pu-2	thu-2	vu-2	tsu-2
重庆	pu-2	thu-2	vu-2	tsu-2
崇州	po-5	tho-5	o-5	tso-5

崇州话读入声-o，茶店话读阳平-o，成都话、重庆话读阳平-u。

（16）深、臻、曾、梗摄入声开口三、四等帮、端、见系字的读法。

方言点	壁	笔必毕	七	集	力
茶店	pie-2	pie-2	tɕhie-2	tɕie-2	lie-2
成都	pi-2	pi-2	tɕhi-2	tɕie-2	li-2
重庆	pi-2	pi-2	tɕhi-2	tɕi-2	ni-2
崇州	pie-5	pie-5	tɕhie-5	tɕie-5	lie-5

崇州话读入声-ie，茶店话读阳平-ie，成都话除了"集"读-ie外，其余都读为-i。重庆话全部读-i。

（17）深、臻、曾、梗摄入声开口三等知、章组字的读法。

方言点	十拾什	值直	室	尺
茶店	sə-2	tsɿ-2	sɿ-2	tshɿ-2
成都	sɿ-2	tsɿ-2	sɿ-2	tshɿ-2
重庆	sɿ-2	tsɿ-2	sɿ-2	tshɿ-2
崇州	sə-5	tsə-5	sə-5	tshə-5

崇州话读入声-ə，茶店话都读-ə或者-ɿ，均为阳平，成都话、重庆话读阳平-ɿ。

（18）通摄入声帮知系、端泥组字的读法。

方言点	督	六陆	竹	目
茶店	tu-2	lo-2	tso-2	tso-2
成都	tu-2	lu-2	tsu-2	mu-2
重庆	tu-2	lu-2	tsu-2	mu-2
崇州	to-5	lo-5	tso-5	mo-5

崇州话读为入声-o，茶店话读为阳平-o，成都话、重庆话读阳平-u。

（19）曾、梗摄合口三等入声见系、通摄三等入声精组见系字的读法。

方言点	域	役	续	曲
茶店	io-2	io-2	ɕio-2	tɕhio-2
成都	io-2	io-2	ɕio-2	tɕhio-2
重庆	yu-2	yu-2	ɕyu-2	tɕhyu-2
崇州	io-5	io-5	ɕio-5	tɕhio-5

崇州话读为入声-io，茶店话读为阳平-io，成都话读阳平-io，重庆话读阳平-yu。

（三）声调特征

古入声字今读入声调。

方言点	茶店	成都	重庆	崇州
阴平	35	35	55	45
阳平	31	31	21	31
上声	52	52	42	52
去声	113	212	214	324
入声	阳平 31	(31)	(21)	33

茶店话同湖广话相同，有四个声调，入声消失，成都话、重庆话入声消失，并入阳平。

四、茶店话和成都话以及南路话的异同

（一）茶店话和成都话、重庆话、南路话语音特点比较表及相似比较

本文将成都话、茶店话、重庆话和崇州话的语言特征列成一个表，见表 1：

表 1 茶店话和成都话、重庆话、南路话语音特点比较

语音特征	茶店	成都	重庆	崇州
1. ts 与 tʂ 相混	+	+	+	+
2. 古泥母三四等字读 n，一二等字相混，读 n/l	+	+	−	+
3. 古晓组字在−u 韵前读 f	+	+	+	+
4. 臻摄合口一三等端泥精组字失去−u−介音	+/−	+	+	+
5. 麻韵三等精组见系字韵母读−ie	−	−	−	−
6. 蟹摄合口舒声一等端泥组和山摄合口舒声一等端泥组字保留−u 介音。	−	−	−	+
7. 果摄一等帮端见系韵母读−o	−	−	−	+
8. "者蔗（也）"读−e	−	−	−	+
9. 山宕曾梗入合口一二等见系今读 uæ	−	−	−	−
10. 咸、山、宕摄入声开口一等见系字读−o	−	−	−	+
11. 模韵帮系端组字的读−u	−	−	−	+
12. 咸、山摄入声开口一二等帮端系庄组、三等知章组字读−ʌ	−	−	−	+
13. 深、臻、曾、梗摄入声开口二三等庄组字读−e	−	−	−	+
14. 曾摄一等、梗摄二等开口入声帮、端、知、见系字读−e	−	−	−	+
15. 山摄合口三四等字以及宕、江摄开口二三等入声精组见系字读−io	+	+/−	−	+

语音特征	茶店	成都	重庆	崇州
16. 臻摄入声合口三等精、见组字读－io	＋	＋/－	－	＋
17. 臻摄入声合口一三等帮组知系端、泥组字读－o	＋	－	－	＋
18. 深、臻、曾、梗摄入声开口三四等帮端见系字读－ie	＋	＋/－	－	＋
19. 深、臻、曾、梗摄入声开口三等知章组字读－ə	＋/－	－	－	＋
20. 通摄入声帮知系端泥组字读－o	＋/－	－	－	＋
21. 曾梗摄合口三等入声见系、通摄三等入声精组见系字读－io	＋	＋	－	＋
22. 入声独立	－	－	－	＋

为了进一步比较龙泉茶店镇与成都市区方言、重庆话以及南路话的相似程度，本文借鉴周及徐（2013）所采用的"语音特征及权重数值表"计算方法，将每一个方言点的相似度进行数字统计，并转为相应的数值，以期更直观地展现方言点之间的相似程度。

计算方法说明：

（1）相似特征数：每两个方言之间，同为加号即为1个语音相似点，以此累计。

（2）语音特点权重数值：由于在具体的语流中声韵调出现频率不同，因此其在音系特点中所占比重也不同。纵观茶店、成都、重庆和崇州话音系，本文将声调数定为4.25，声母平均数定为20.5个，韵母平均数定为37个，那么本文假设在37个音节的语句中，声韵调出现的概率大约为1.8：1：8.7。

（3）计算出概率比之后，本文将在表中计入出现概率的权重数值。声母特点相似权重数值记为1.8，调类特点相同或相似记为8.7，韵母特点相似则记为1。

表 2 茶店话与成都话、重庆话、崇州话语音特征及权重数值表

方言点	相似特征数	加权的相似特点条数及加权值①	相似特征权重值
茶店—成都	18	21，7.7	18+7.7＝25.7
茶店—重庆	15.5	2/7，1＊0.8+7.7＝8.5	15.5+8.5＝24
茶店—崇州	9		9
成都—崇州	6.5		6.5

（a）

地域	成都	重庆	崇州
茶店	25.7	24	9
成都			6.5

（b）

表 2 中声母比较特征 3 条，韵母比较特征 19 条，声调比较特征 1 条，如方言点之间 22 项语音特征均相同或相似，那么最大相似特征权重值为 22+2＊0.8+7.7＝31.3。我们将表 2 中的数值与最大权重值相比，则可以得出方言点之间的相似度，简单计算列表如下：

表 3 成都、重庆、崇州方言点之间的相似度

方言点	成都	重庆	崇州
茶店	82％	76.7％	28.8％
成都			20.8％

从各个方言点的相似百分比来看，茶店和成都话相似度最高，为 82％，其次是重庆话方言，相似度最低的是崇州方言，仅 28.8％。成都话和崇州话的相似度为 20.8％，重庆话是"湖广话"的典型代表，崇州话是"南路话"的典型代表。相对而言，茶店话离湖广话更近，离南路话更远。茶店话

---

① 关于表中"加权的相似特点条数及加权值"一栏的计分说明：由于前一栏已经对相似条数按每条 1 分合计，因此第二栏加分主要对 1 到 2 条声母部分的相似条数再乘以概率比，如"成都－茶店"，声母部分有 2 条特征相似，第一栏已计入 2 分，按照 1.8 的概率比，那么第二栏就加 1＊0.8＝0.8；由于声母部分第一条特征由于第一栏已计入 0.5 分，第二栏再加 0.5＊0.8＝0.4；声调部分概率比 8.7，由于第一栏已经计入了一分，那么第二栏中再加上 7.7 分。第三栏总计前两栏得分。如果两个方言点所有特征均相同或相似，那么权重值最大为 22+2＊0.8+7.7＝31.3。

相较于成都话而言离崇州话更近一些。

（二）茶店话、成都话与南路话的区别

从上文 22 条语音特点的比较可以看出，茶店话与成都话相似度比较高，很多语音特征都比较相似。具体来看，上述 22 条语音特点中，茶店话与成都话仅有 7 条不同，分别为第 4、15、16、17、18、19、20 条，其中主要是韵母的不同，具体是：

（1）茶店话山摄合口三四等字以及宕、江摄开口二三等入声精组见系字读－io，成都话不全部读为－io；

（2）茶店话臻摄入声合口三等精、见组字读－io，成都话不全读为－io；

（3）茶店话臻摄入声合口一三等帮组知系端、泥组字读－o，成都话读为－u；

（4）茶店话深、臻、曾、梗摄入声开口三四等帮端见系字读－ie，成都话中只有老年人读为－ie，年轻人都读为－i；

（5）茶店话部分人保留了深、臻、曾、梗摄入声开口三等知章组字读－ɘ/－ə，成都话的这种读音已经消失了，全部读为－ʅ；

以上的这几点特征都是南路话的典型特征，从调查结果来看茶店话保留了这几点特征，成都话的这几点特征都消失了，茶店话相对成都话而言保留了更多的南路话特征，和南路话的相似度也更高。

五、小结

本文所调查的茶店镇离成都市中心 32.1 千米，之所以选择距离市中心较远的地点是由于龙泉地处客家话方言岛，所以调查的选择必须要迈过客家话，茶店镇地处龙泉山上，由于地理位置相对独立，所以语音受到客家话和成都话的影响均比较小，故保留了笔者调查的这种语音。

茶店镇位于龙泉东面，在语音特点上比较接近"湖广话"的语音特征，但是又保留了几点典型的"南路话"特征，周及徐指出："南路话与湖广话（重庆话为代表）的语音差别，无论是音系中声、韵、调的分还是合，都是各自相承于（比切韵略晚的）中古音系的，是以中古音类为条件的，南路话并不表现出它是湖广话的延续，或两者相反。南路话和湖广话两大方言音系内部结构的不相包容，这个现象很有力地说明，南路话不是明清之际"湖广

填四川"带来的湖广话在川西南地区演变的结果，南路话应是元末以前的四川本地汉语方言的后裔。为什么在成都市区东面有一块保留了更多"南路话"特征的方言区呢？南路话是成都地区土著使用的方言，湖广话是移民带来的方言，茶店话虽然和湖广话相似度很高，但是其保留典型的南路话韵母特征，这也可以证明茶店话和南路话有着千丝万缕的联系。龙泉茶店这个方言岛可以从侧面佐证"湖广话"覆盖"南路话"的过程。

茶店话具有的崇州话特征是南路话留下的"底层"，具有的成都话特征又是湖广话的"表层"，这一现象展示了湖广话对南路话的"覆盖"。茶店话表现出的南路话特征以及变化过程提示我们，以前的南路话的区域可能要占据到今天的成都近郊地区，甚至整个成都市区。

参考文献：

[1] 毕圆. 四川西南彭州等八区市县方言音系研究 [D]. 成都：四川师范大学文学院，2012.

[2] 何婉，饶冬梅. 四川成都话音系词汇调查研究 [M]. 成都：四川大学出版社，2013.

[3] 何婉. 成都话单字调的实验语音学统计 [J]. 成都大学学报，2015（1）.

[4] 周及徐. 南路话和湖广话的语音特点——兼论四川两大方言的历史关系 [J]. 语言研究，2012（3）.

[5] 朱晓农. 语音学 [M]. 北京：商务印书馆，2010.

作者简介：

何婉，四川大学海外教育学院讲师，主要研究方向为四川方言。

四川方言表动作行为方式的"过+VP"格式中"过"的性质

任瑚琏

四川大学海外教育学院

摘　要：董红明《四川梓潼话表动作方式的"过"》把"过+工具名词"和"过+VP"中的"过"看作同一个词（动词），这是不对的。事实上，"过+工具名词"中的"过"是动词，"过+VP"中的"过"是副词。此外，文章在进行句式变换时违背等价/平行性原则，导致相关论断不能成立。

关键词：四川方言；"过+VP"的"过"；性质

The Grammatical Nature of "过" in "过+VP" Construction of Sichuan Dialect That Expresses The Manner of an Action

Ren Hulian

School of Overseas Education，Sichuan University

Abstract：It is incorrect consider "过" in "过+NP" construction and "过" in "过 + VP" construction to be the same word．In fact，the former is a verb while the latter is an adverb．

Key words：Sichuan dialect；"过" in "过+VP"；grammatical nature

　　董红明《四川梓潼话表动作方式的"过"》一文所说梓潼话中表动作方式的"过"和"过+VP"格式实为四川方言中的一个普遍事实。董文对这个格式做了较为全面的分析和描写，但对格式中"过"的性质认定有误，并存在进行格式间变换分析时变换失当等问题。本文着重讨论"过"的性质，旁及其他问题。

一、关于"过＋工具名词"

董文中有这样一段话：

"口说"这一结构里"口"与"说"结合并不紧密，正是由于这种工具状语与动词结合的不紧密性，"过＋工具名词＋动词"结构在强调"工具名词＋动词"整体时，就既有可能偏重于强调动作的工具，也有可能偏重于该动作方式本身。这样，理论上就可以有"过＋动词"与"过＋工具名词"两种结构形式。前一结构例句见前文，后一结构在梓潼话里虽然较少，但也的确存在：

（18）这筐苹果还没过秤

这里"过秤"即为针对这筐苹果，选用秤进行处理，即用秤称。

这段话对"过秤"意义的解释基本正确，但对"过"的认识明显有误。也就是说，把"过＋工具名词"（过秤）的"过"与"过＋动词"（过称，即按重量计价）的"过"混为一谈、看作同一个词，是错误的。先说"过＋工具名词"。下面的例子足以证明这个格式中的"过"是动词，请看：

过秤　你这块肉要拿去过下秤。过了秤就去交钱哈。

过磅　这筐西红柿有好重，过了/下（子）磅就晓得了。

过箩　要想灰面（注：面粉）细嗦？多过两道箩噻。

过筛子　再过道筛子，沙土和石头子子儿就完全分开了。

过点钞机　这些钞票是过过点钞机的。

过脑壳　说话做事也不先过下（子）脑壳（注：脑子）！

过手　你晓不晓得去年有好多钱过了他的手？

过油　他不管做啥子菜都要先过下油，结果吃出个高血脂。

过水　有人喜欢把面煮熟了捞起来过下冷水再吃。

过堂　这个犯罪嫌疑人已经过了三次堂了。

很明显，这个"过"的意义是"经过（……的处理）"，整个格式是动宾结构，意义是"经过宾语所指器具或物质、形式、方法的处理"。这跟普通话其实是一致的。

那么，"过+VP"（包含"过+V"）中的"过"能这样用吗？不能。请看下面的例子：

过烧→过火烧→[X]过了（火）烧

过砍→过刀砍→[X]过下（子）（刀）砍

过背→过背篼背→[X]过过（背篼）背

过抬→过两个人抬→[X]过下（两个人）抬

过咬→过拿牙齿咬→[X]过了（拿牙齿）咬

二、"过+VP"中"过"的性质

事实上，这个"过"只用在动词结构前面，即只出现在"过+VP"格式中，而且本身已不具有任何动词的意义，语音上也永远轻读。这样一个"过"与"过+工具名词"中的动词"过"显然不是同一个词。前面那段引文中"这样，理论上就可以有'过+动词'与'过+工具名词'两种结构形式"的推断，其实是被字面蒙蔽、缺乏事实依据的想当然。

据此可以判定，这个只用于动词结构之前、唯一功能是作状语的"过"是副词，语义功能是提示处理某事物或遂行某行为的方式。状中结构"过+VP"的意义可以概括为"采取 VP 所指的方式"，分别开来说，则分四种情况。

第一，"过+V"表示采取 V 所指的方式，例如：

（烧白、粉蒸肉）过蒸｜（猪蹄子）过炖｜（鱼香肉丝）过炒｜（油条）过炸｜（肉丝肉片莴笋片片儿）过切｜（肉馅子）过宰（注：剁）｜（和面）过接（rua^2 注：揉）｜（洗内衣内裤袜子）过搓｜（要动手做，光）过说（不得行）｜（业绩不好要说得好，那就）过吹、过编｜（吃这种牛肉）过撕，（不）过咬｜（收枣子不）过摘，过打｜（一个和尚吃水）过挑，（两个和尚吃水）过抬，（三个和尚吃水）过 ten^4（注：互相观望不行动）

第二，"过+状语+V"表示采用"状语+V"所述的方式，例如：

过冷水淋｜过小火煨｜过镰刀割｜过锯子锯｜过斧头砍｜（足球要）过脚 zua^2（注：踢）｜（腊肉要）过柏桠 qiu^1（注：烟熏）｜（烤鸭要）过炭

火慢慢烤｜（自家做豆浆可以）过磨子推，（也可以）过打磨机打｜（他卖花生不）过秤称，过手捧｜（做饺子皮她）过擀面棒擀，（我）过茶杯盖盖儿盖｜（藏区耕地有点怪，）过两头牦牛 pin³ 起（注：并排着）拉｜（她给娃娃喂药尽是）过估倒（注：强迫）灌

第三，"过＋V－R（动结式）"表示用动词所指动作行为的方式来实现结果，例如：

（头发）过吹干｜（橘子皮）过晒干（或者）烘干｜（没得洗衣机的时候，洗了衣服）过 jiu³（注：拧）干，（有了洗衣机就）过甩干了

第四，"过＋连动"和"过＋动宾"表示采取连动结构或动宾结构所述的方式，例如：

过拿小车车儿拖｜过拿到门口寄快递｜（麦冬、胖大海）过泡水喝｜（茯苓、黑芝麻）过打成粉粉儿和到面里头蒸馒头｜（硬糖莫过嚼，）过含到嘴巴头慢慢地 min³（注：含化）｜过吃生的｜过拣大的｜过吃叶子（吗）过吃秆秆儿

至于说到强调点可以有所偏重，乃通过对比重音或曰焦点重音的落点不同来实现，具体分两种情况。

第一，偏重作为方式的动作行为（按：此为常态）：

过蒸笼｜蒸，（不）过砂锅｜煮｜过人｜背，（不如）过骡子｜驮｜过手｜捧（还是）过手｜抓

第二，偏重工具：

过｜蒸笼蒸，（还是）过｜甑子蒸｜过｜冷水泡，（还是）过｜热水泡｜过｜斧头砍，（不）过｜弯刀砍｜过｜纱布滤（就行了），（不消）过｜滤纸滤

而非所谓偏重于强调作为方式的动作行为就形成"过＋V"格式，偏重于强调工具就形成"过＋工具名词"格式。

三、副词"过"的形成轨迹及其他

（一）副词"过"的形成轨迹

基于上面的讨论可以合理推断，副词"过"的形成轨迹大致是：

动词（经过，通过）→动词（经过某器具、方法等的处理）→副词（提示处理某事物或遂行某行为的方式）。

（二）动词能否进入"过＋V"格式的本质性条件

由格式的语义功能决定，应该是该动词能否构成、或被认为是一种方式。如果不能，即使是动作动词也不行，如"吃""住""做""装（放进器物里；用器物容纳）""放"等意义过于宽泛的动词即属此列。

四、变换分析不能违背等价/平行性原则

董文说，"'状语＋过＋动词'结构一般不能改为'过＋状语＋动词'结构"，举例中有：

他就用嘴过嘢（四川话音 ju²）→ˣ他就过嘴嘢。

刚榨出来的油，用根棒棒轻轻地过搅（四川话音 gao²），才冷起快→ˣ刚榨出来的油，过根棒棒轻轻地搅，才冷起快。

上面两例中，"他就过嘴嘢"是完全合格的句子，"他就用嘴过嘢→他就过嘴嘢"其实是一个变换成立的例子，而"过根棒棒轻轻地搅"不成立是因为其中"根棒棒"不能做状语。很清楚，后一变换不仅仅是语序的改变，变换中丢掉了"用"，把"用根棒棒"变成"根棒棒"，从而改变了相关结构的性质。假如不丢掉这个"用"，变换结果就可以成立：

刚榨出来的油，过用根棒棒轻轻地搅，才冷起快。

董文在后面又说：

……这使"过＋工具名词"结构远远少于"过＋动词"结构，也使"过＋状语＋动词"结构中表工具和方式状语的名词常可省略名词形成"过＋动词"结构，也可前移形成"状语＋过＋动词"结构，如：

（19）a. 这堆数字我是过笔算的。

b. 这堆数字我是过算的。（省略）

c. 这堆数字我是用笔过算的。（前移）

前移的例子还用了一个"娃儿还是要过说服教育→娃儿还是要用说服的方法过教育"。

"过+工具名词"中的"过"与"过+动词"中的"过"一个是动词，一个是副词，不可相提并论，这在前面已经论证过了，这里不再多说。只说上面两个"前移"的例子，前移时都添加了一个"用"，于是结果成立，而假如不添加，就会不成立。请看：

＊这堆数字我是笔过算的。

＊娃儿还是要说服的方法过教育

变换违规，结论就可能站不住脚。

参考文献：

[1] 董红明. 四川梓潼话表动作方式的"过"[J]. 中国语文，2009（4）.

[2] 任瑚琏. 论汉语"附着"变换的条件 [J]. 西南民族大学学报，1983（1）.

[3] 王文虎，等. 四川方言词典 [K]. 成都：四川人民出版社，1987，2014.

[4] 朱德熙. 变换分析中的平行性原则 [J]. 中国语文，1986（2）.

作者简介：

任瑚琏，四川大学海外教育学院退休教授，研究方向为语言学理论和面向对外汉语教学的汉语本体研究。

其　他

民国时期中国歌德诗歌研究综述

欧翔英

四川大学海外教育学院

摘 要：本文综述民国时期歌德诗歌研究的情况，梳理出初期、歌德译介高潮期以及抗争后深入发展期几个阶段国内的重要研究成果，指出民国时期的研究虽存在着系统性、专业性不强的问题，但研究者多为诗人兼学者的文坛宿将及新文化运动中的担纲者，对歌德创作精神的体悟为后世所不及，不仅为后来的研究奠定了基础，也对研究中国现代文化进程颇有参考价值。

关键词：歌德；歌德诗歌研究

A Summary of Early Studies on Goethe's Poems

Ou Xiangying

School of Overseas Education，Sichuan University

Abstract：This paper summarizes the study of Goethe's poetry in the period of the Republic of China，and combs the most important research in three stages：the early period，the climax period of Goethe's translation and the period of deepen development during the Sino-Japanese war. It points out that although there were few systematic and professional studies back in that time, the researchers are mostly poets and scholars in the literary arena and the agents of the new cultural movement，therefore their understanding of Goethe's creative spirit is quite beyond the reach of later generations. It not only lays the foundation for the later, but also has a reference value to the study of Chinese modern culture.

Key words：Goethe；the study of Goethe's Poetry

令外国诗歌进入中国人的视野，并对中国文化及新诗创作起到重要影响的外国诗人、作家当首推德国大文豪歌德。自晚清以来，中国学人首先在"救亡"使命的驱动下，引入西方先进文明以振兴家国，继而提倡新文化运动，以"启蒙"担当"文化救国"之任，又在战乱烽烟中沉淀、积累，对歌德的作品、人格的译介成为国人理解新学、借鉴西方文明的一个重要媒介。中国现代化进程当中的种种曲折纷乱也折射在对歌德诗歌的接受中，这为研究中国现代性转型提供了极为可贵的视角。

一、初期零散的介绍

李凤苞是第一个提及歌德的中国人①，但歌德进入中国公众视野则还需要等到 1902 或 1903 年，诸如赵必振依据日本人编本所著的《德意志文豪六大家列传》《可特传》②（歌德传）问世。晚清到五四前夕，国人对歌德的了解仅限于零星的介绍，对歌德诗歌的介绍更为粗略，或夹杂在概括性的文字里，或见于歌德的传记中。初期各家对歌德诗歌的介绍基本上只是只言片语，还谈不上研究"二字"。

当此之时，国人民族意识高涨，救亡与启蒙成为文化革命中的两条主线，对歌德的称谓便体现了时代精神的嬗变。李凤苞、辜鸿铭称之为"名哲"，王国维、赵必振呼之为德意志大"文豪"，鲁迅始称他为"日耳曼诗宗"、"德之大诗人"，从哲人到文豪，最后才到"诗人"，这些称谓的转变，也体现出国人逐步走向文化救国的道路。这一阶段出现在国人面前的歌德诗歌介绍主要包括：

---

① 李凤苞（1834—1887），字丹崖，崇明人，1878 年担任驻德公使，后又兼任驻奥、意、荷三国公使。1878 年，农历十一月二十九日，到任不久的李凤苞受美国驻德使馆之邀，参加了美国公使"美耶台勒"的吊唁活动。李凤苞不仅在日记中详细记载了吊唁的过程，而且认真考证了相关德国人名，"诗伯果次"之名才因此首次出现在国人视野中。参见卫茂平著，《德语文学汉译史考辨：晚清和民国时期》，上海外语教育出版社，2004 年 1 月第 1 版，第 10 页。

② 早期文献关于人名的翻译多与现在通用的方式有所不同。

（1）辜鸿铭：《自强不息篇》，约作于 1893 年（辜鸿铭文集上 ［M］．黄兴涛编，海口：海南出版社，1996）

辜鸿铭可能是中国论及歌德及其诗歌创作的第一人，他撰写的短文《自强不息》中引用歌德诗作，提出中西文化具有相通性："'唐棣之华，偏其翻尔，岂不尔思，室是远而。'子曰：'未之思也，夫何远之有？'余谓此章即道不远人之义。"

（2）赵必振译：《德意志文豪六大家列传》（上海：作新社，1903）

书中论及歌德 1770 年后到斯特拉斯堡继续求学的经历，在赫尔德启发下"乃大悟国风俚歌之可贵"，"又自文学上而博闻有益之卓论新说更大发达其诗想"，得益甚多。

（3）王国维撰：《德国文豪格代希尔列尔合传》《格代之家庭》

1904 年 3 月，王国维在其主编的《教育世界》第 70 号上刊登名为《德国文豪格代希尔列尔合传》的文章。他一开头就写道："呜呼！活国民之思潮、新邦家之命运者，其文学乎！十八世纪中叶，有二伟人降生于德意志文坛，能使四海之内，千秋之后，想象其丰采，诵读其文章，若万星攒簇，璀璨之光逼射于眼帘，又若众浪搏击，砰訇之声震荡于耳际。"在文章结尾又写道："嗟嗟！瓦摩尔之山，千载苍苍！莱因河之水，终古洋洋！惟二子之灵往来其间，与星月争光！胡为乎，文豪不诞生于我东邦！"此处，王国维虽对歌德诗歌推崇有加，却并无一处细谈歌德诗歌的创作生涯。

1904 年 8 月至 9 月，王国维又在《教育世界》第 80、82 号发表《格代之家庭》，讨论了家庭教育对歌德的影响，称"格代诗才之敏赡，得自乃母"。

（4）鲁迅：《人之历史》《摩罗诗力说》

1907 年留学日本的鲁迅发表了第一篇论文《人之历史》，其中提到了"瞿提"建"形蜕论"："瞿提者，德之大诗人也，又邃于哲理，……著《植物形态论》……谓为兰麻克达尔文之先驱。"此后，鲁迅又在《摩罗诗力说》中将歌德誉为"日耳曼诗宗"，并谈及他所著"传奇"《法斯忒》（笔者注：《浮士德》）。

（5）仲遥《百年来西洋学术之回顾》（《学报》第 10 期 1908 年）

受王国维影响，将歌德与席勒对举，"哥的（笔者注：歌德）为客观的诗人。其为人有包罗万象之慨。故其思想广大浩漫，如大洋之无垠，而其文章，则感性奔流，一泻千里"。

二、民国作家、学者对歌德诗歌的介绍和研究

五四前后到 19 世纪 30 年代后期（抗争爆发），随着文学改良运动、新文化运动的蓬勃发展，西洋文学翻译进入高潮。因歌德作品的翻译引发了热闹一时的"歌德热"，对歌德诗歌的介绍文字也不时出现在书籍、文章中，但这一时期依然以概述、翻译为主，主要集中于文学史与歌德传记类书籍中。宗白华所编的《三叶集》中郭沫若对歌德诗歌的推崇和阐发，与田汉应约发表的译作，可以说是早期至为重要的文献；1933 年歌德逝世百年纪念为歌德译介研究的重要契机，梁宗岱、宗白华、杨丙辰等撰写了几篇学术价值极高、涉及歌德诗歌的论文。然而，与《浮士德》《维特》等歌德其他作品相比，诗歌的研究与介绍仍显单薄，缺乏系统性、专业性的研究。

（1）《三叶集》中郭沫若对歌德诗歌的论述

对歌德诗歌较为集中的讨论始于宗白华所编《三叶集》（上海亚东图书馆印行，1920 年 5 月），这本书信集是在日本留学的田汉、郭沫若与在上海编《时事新报》副刊的宗白华三人之间往来的信函。田汉《序》："大体以歌德为中心，此外也有论诗歌的，也有论近代剧的，也有论婚姻问题、恋爱问题的，也有论宇宙观和人生观的……所表现的文字，都是披肝沥胆，用严肃真切的态度写出来的。"田汉因而称它为"中国的《少年维特之烦恼》"。郭沫若在《三叶集》中多次谈及他对歌德人生及诗歌的理解，并形成了他著名的"诗即'人'的创造"这一著名的"一元论"的创作思想。

1919 年 1 月 18 日郭沫若致宗白华信，讨论诗的问题，以及由此引起的人的问题，全文以歌德为中心。对于歌德的论述，主要有以下几点：

（一）歌德的诗不是"做"出来的，而是"写"出来的。因为"他每逢诗兴来了的时候，便跑到书桌旁边，将就斜横着的纸，连摆正它的时候也没有，急忙从头至尾地矗立着便写下去"。

（二）歌德的《浮士德》是"大波大浪的洪涛"，是"雄浑"的诗。

（三）歌德是"球形的发展"的天才。他认为："天才底发展有两种Typus（类型）：一种是直线形的发展，一种是球形的发展。""球形的发展是将他所具有的一切的天才，同时向四面八方，立体地发展了去。这类的人我只找到两个：一个便是我国的孔子，一个便是德国的歌德。"他列举了歌德在解剖学、理论物理学、绘画、音乐、教育、政治、外交等方面的成就以

后说："他是德国文化上的大支柱，他是近代文艺的先河……他这个人确也是最不容易了解的。"说歌德既是浮士德、神、超人，又是靡非斯特、恶魔、狗。他引用与歌德同时的德国大诗人维兰的话说："歌德容易被人误解，因为很少有人能够了解和掌握这样一种人的概念。"他借用维兰的话说：歌德是"人中的至人"。

（四）歌德在诗歌方面的成就大于其他方面的成就，在"包围着他全人格的那个光轮中，诗人的光彩是要占最大部分的了"。

（五）歌德是个泛神论者，斯宾诺莎对他影响很深。

（六）"歌德底著作，我们宜尽量多多地介绍，研究，因为他处的时代——'胁迫时代'——同我们的时代很相近！我们应该受他的教训的地方很多呢！"

郭沫若对歌德的景仰与推崇，不仅体现在他本人的诗歌创作中，也表现在他多变的人生选择和全面发展的精神追求中，这一点学界已做了不少阐发，此处不赘言。单就这篇短信看，作为新文化运动中的弄潮儿、中国新诗的主将，郭沫若对歌德精神的理解切中要害，具有鲜明的时代色彩：第一，他提出歌德人格之伟大，其天才四面发展，几乎是"人中至人"；第二，他认为歌德的精神与中国契合，同时代相近，正可以学习借鉴。这两点可以说是中国歌德接受史中的关键所在，有着近百年的影响力。

（2）田汉译 Shokama 氏（盐釜天飙）文：《歌德诗中所表现的思想》

（《少年中国》1920 年第 1 卷第 9 期，142－162 页）

这篇文章系统地介绍歌德诗歌思想特色，讨论了歌德的宗教观、人生观、艺术观三个重要论题；收录郭沫若译诗及诗歌节译 13 首[①]，为 19 世纪 20 年代歌德诗歌汉译最集中的一次。文章论述清晰深入，多层次地讨论了歌德诗歌思想中极富辩证思想的内核：泛神论思想、人性的两重性以及自然与艺术的关系等，对中国学界产生了很大的影响。

文章第二节谈歌德受到斯宾诺莎哲学的影响，推崇实践主义奋发的道德观念，"立于正道，批判善恶，举实践躬行之实。廓清人生之混浊而拯救之，于严肃之中，寓温柔敦厚之意，以之爱自己爱他人——这都是人生一世应履行的约束，可以谓之神性内在之具体的表现。——所谓道德的根本者，在于我们心力的活泼旺盛的时候，在我们的心不受外界的制约，而自奋自发充分

---

① 顾正祥编《歌德汉译与研究总目》（续编）称郭沫若译诗为 11 首，统计有误。

活动的状态"。这里讨论的不仅是歌德的道德观，更是歌德人格与诗歌的契合点，这种将歌德的人生、人格与其创作相互联系的思路，可以说是歌德研究中最重要的思路。

（3）杨丙辰：《葛德和德国的文学》

（《猛进》1925 年第 14 期，6—7 页；《猛进》1925 年，第 15 期，8 页）

文章对歌德的文学成就给予极高的评价，揭示歌德在文学史中的重要地位："德国的文学到歌德，才到真正隆盛伟大，可以与英法相抗衡的时期。"文章还讨论歌德受到克罗勃斯陀克（Klopstock）、雷兴（Lessing）、赫尔德（Herder）三位前辈的影响。

（4）胡秋原：《马克斯主义所见的歌德——为歌德逝世百年纪念作》（1932 年）[1]

（《葛德纪念特刊 Dem Andenken Goethes》，国立北平图书馆、德国研究会合编，天津：德华日报，天津北平北洋印字馆承印，1932 年）

文章认为歌德的艺术是由克服封建的基督教的禁欲精神的伟大而自由的世界观发生的。抒情诗人歌德是市民感情世界之发见者、开拓者，是将思想家（Spinoza）在思想世界所形成的东西，在感情的世界发见而形成的。为了达到这个目的，歌德无意识地体会并运用了唯物论辩证法的世界观。

（5）杨丙辰：《歌德何以伟大——为歌德殁后百年纪念作》

（《鞭策周刊》1933 年第 2 卷第 22 期，11—12 页）

文章从人类精神最显著的三种活动能力（智力、情感力与意志力）出发，阐发歌德精神的主要特点，尤其强调了歌德的情感力：

歌德底智力无论多样伟大，总还有人能追及，但是他的情感力却没有一个人能敌得上。这是歌德之所以成为歌德，之所以成为最伟大的抒情诗人（Lyriker）最重要的成份，而亦是他被人误会招人怨恨的一点。

（6）宗白华：《歌德之人生启示》[2]

宗白华对歌德的艺术与人生最为推崇，《宗白华全集》第 4 卷收集的有

---

① 原作葛特，1933 年选入《歌德论》时改作歌德。

② 20 世纪 30 年代有两部歌德研究专辑问世，分别是陈淡如主编：《哥德论》，上海：上海乐华图书公司，1933 年初版印 1 500 册。收论文 18 篇及歌德年谱。周辅成、宗白华编：《歌德之认识》，南京：1933 年，钟山书店。收 20 多篇论文，1936 年由中华书局再版，更名为《歌德研究》，1976 年台北天文出版社重印。这两部专刊所收论文具有很高的学术价值，都收录了宗白华《歌德之人生启示》，论述歌德精神、人生、思想与诗歌创作的关系，是早期歌德研究中的扛鼎之作。

关歌德的译文有多篇，如《单纯的自然描摹·式样·风格》、比学斯基的《歌德论》《席勒和歌德的三封通信》等。宗白华自己撰写的关于歌德的文章有《歌德之人生启示》《歌德的〈少年维特之烦恼〉》《借〈浮士德〉中诗句吊志摩》《〈歌德之认识〉附言》《〈歌德评传〉序》多篇。

《歌德之人生启示》首先指出，歌德与但丁、莎士比亚不同的地方"就是他不单是由作品里启示我们人生真相，尤其在他自己的人格与生活中表现了人生广大精微的义谛。所以我们也就是从两方面去接受歌德对于人类的贡献：（一）从他的人格与生活了解人生之意义。（二）从他的文艺作品欣赏人生真相之表现"。

文章以诗一般的语言剖析歌德独特的精神特质：

生命与形式，流动与定律，向外的扩张与向内的收缩，这是人生的两极，这是一切生活的原理，歌德曾名之宇宙中的一呼一吸。而歌德自己的生活实在象征了这个原则。他的一生，他的矛盾，他的种种逃走，都可以用这个原理来了解。当他从身于宇宙生命的大海时，他的小我扩张而为大我，他自己就是自然，就是世界，与万有为一体。他或者是柔软地像少年维特，一花一草一树一石都与他的心灵合而为一。森林里的飞禽走兽都是他的同胞兄弟。他或者刚强地觉着自己就是大自然创造生命之一体。他可以和神唱道：生潮中，业浪里，淘上或淘下，浮来又浮去！生而死，死而葬，一个永恒的大洋，一个连续的波浪，一个有光辉的生长，我架起时辰机杼，替神性制造生动的衣裳。（郭译浮士德）

在谈及歌德诗歌创作时，这种痛快淋漓又透彻澄明的文字更见功力，他这样总结歌德诗歌与人生的关系：

他一切诗歌的源泉，就是他那鲜艳活泼，如火如荼的生命本体。而他诗歌的效用与目的却是他那流动追求的生命中所产生的矛盾苦痛之解脱。他的诗，一方面是他生命的表白，自然的流露，灵魂的呼喊，苦闷的象征。他像鸟儿在叫，泉水的流。他说：'不是我做诗，是诗在我心中歌唱。'所以他诗句的节律里跳动着他自己的脉搏，活跃如波澜。他在生活憧憬中陷入苦闷纠缠，不能自拔时，他要求上帝给他一支歌，唱出他心灵的沉痛。在歌唱时他心里的冲突的情调，矛盾的意欲，都醇化而升入节奏，形式，组合成音乐的谐和。混乱混沌的太空化为秩序井然的宇宙。迷途苦恼的人生获得清明的自觉。因为诗能将他纷扰的生活与刺激他生活的世界，描绘成一幅境界清朗，意义深沉的图画（浮士德就是这样一幅人生图画。）这图画纠正了他生活的错误，解脱了他心灵的迷茫，他重新得到宁静与清明。但不有热烈的人生，何取乎这高明的形式。所以我们还是从动的方面去了解他诗的特色。

这段充满诗意和领悟的文字，成为歌德研究中文字表述最为精妙的华彩篇章，达到了难以企及的高度。

（7）梁宗岱：《歌德与梵乐希》

（初见于《东方杂志》第三十二卷第十三号，1935 年 7 月，后来收入梁宗岱著：《诗与真·诗与真二集》，商务印书馆，1936 年）

作者比较了两位对他影响至深的大诗人，从认识的心灵或从被认识的物体出发，将创作分为两个路径：一个先要对于自身法则有彻底的认识或自觉，然后施诸外界底森罗万象；一个则要从生罗万象找出共通的法则，然后从那里通到自我底最高度意识。梵乐希是选择前一条的，歌德是选择后一条的。

（另著有《李白与歌德》一篇，此为中西文学比较研究，从略）

（8）谢六逸译，山岸光宣著：《论歌德》

（《创化》1932 年第 1 卷第 2 期，82—88 页）

文章认为，在歌德的诸多文学创作中抒情诗最为伟大，其诗作除去一切个性的要素与地方的色彩，将所写事物提高到理想的类型，具有穿透万人心灵的功力，且与民谣相近，有着丰富的音乐潜质，又与莱星（莱辛）在《劳康论》（笔者注：《拉奥孔》）中的观点不同，弥合了造型美术与文学的区别，体现出对造型美术的趣味。

（9）冯至 19 世纪 40 年代的研究

19 世纪 30 年代后期"歌德热"退潮，但歌德诗歌译介和研究得以深入发展，没有像其他作品那样陷入停滞期。在时代精神的刺激下，随着冯至人生阅历及学识思想的成熟，他对歌德晚期的作品特别关注，连续撰写了若干篇高质量的歌德论文，后来集结为一部学术专著《歌德论述》（上海：正中书局，收论文 6 篇，1948 年），其中包括两篇对歌德诗歌的解读。

《歌德的晚年——读〈爱欲三部曲〉后记》，写于 1941 年，1947 年发表于《今日评论》。讨论歌德晚年的生活及《爱欲三部曲》的诞生，内有译诗《玛利浴场哀歌》。冯至从歌德的蜕变论引申开去，发现了歌德独特的限制和断念的思想，把歌德思想发展中最幽昧的方面鲜明地揭示出来。文章说："这种感想，在他的作品里时常闪着幽光，像一支悲凉的插曲，到紧要关头时，便插奏进来，溶解一些永久不能解决的事体。这也是歌德的辛酸的得获。一个创造力过于雄厚的人，所遇到的现实每每是贫乏的，历史上不知有多少天才在这中间演出悲剧，沉沦下去。歌德却用这涩苦的智慧，渡过许多濒于毁灭的险境，完成他灿烂的一生。"他还具体地从歌德晚年在玛利浴场与少女乌尔利克的遭逢和分手，分析了《爱欲三部曲》的主题：在爱的割舍和断念中获得更高的自由、更深的情欲。

《歌德的〈西东合集〉》，发表于1947年《文学杂志》第二卷第6期。文章阐述歌德晚年至为重要的又一次"再生"，或者说精神的蜕变，论述他转向东方的态度，与其说是"憧憬东方"，不如说是诗人的眼界跨越了东西方的界限，回溯着人类的历史，瞻望着全世界明朗、生动的生活。因此，《西东合集》这部卓越的诗集反倒令普通读者感到隔膜，"因为这里的语言可能比以前的诗里面的语言更为简练，文字也更为朴素，但是每一个字都越过了它一般的意义而得到一个更高的解释；这里的自然，一草一木，一道虹彩，以及一粒尘砂，都是诗人亲身经历的、亲眼看见的，但又无时不接触到宇宙的本体；这里的爱与憎，以及对生命种种的观察，都是诗人自己的，同时又是人类的"。歌德"蜕变"（变化）的观念对冯至产生了极大的影响，文章不仅将那首最能体现这一思想的诗作《幸运的渴望》全篇翻译，而且还极为精辟地指出，这一蜕变对伟大的诗人的真正意义一方面是文化的，一方面是自然的。在文化方面，就是从过去各方面的文化中吸收精华，"在表面上仿佛是游戏的、而实际则是非常严肃的东方与西方的互相变化中发现人类共同的智慧、共同的真实"。在自然方面，则是"在自然界千变万化的形态里——在扁柏的生长、在河流的波纹、在水光云影、在野花与缠藤、在朝霞与晴空——都看得见爱的化身"。看得见"自然永无停息，永远在变化"。

这两篇论文可以说代表了早期歌德诗歌研究的最高成就。凭借诗人特有的敏感和文采，冯至对歌德中晚期创作的理解可谓别开生面，突破了早期国内对歌德的形象及诗歌的接受，得到曾镇南、叶隽等学者的高度评价。曾镇南盛赞冯至的研究从"论世知人"这一点出发，通过丰富的材料（歌德大量的日记、书信、语录等材料），描绘出不为人知的伟人的成熟过程。①

---

① 曾镇南：《外国文学研究方法断想——从冯至的〈论歌德〉谈起》，外国文学评论，1987年4期。

三、文学史及歌德传记中的诗歌介绍

民国期间出版的德国文学史、歌德传记类书籍颇为丰富，此处梳理一些较为重要的图书，概述其中涉及歌德诗歌的文字。

（1）张传普：《德国文学史大纲》（中华书局，1926 年，50—60 页）

书中对歌德诗才的介绍极为简洁：勾特（歌德）天才至高，文思骄逸，其言发乎天籁，不假藻饰，而自然古丽。观其"文学之幕出于真实之手"一语，可见其毕生艺术之所归。

（2）刘大杰著：《德国文学概论》（上海：北新书局，1928 年）

第三章"哥德的生平及其作品"中着墨于歌德与女性的恋爱关系及由此抒发感怀而创作的诗歌，涉及的诗作包括《欢迎与别离》（*Willkommen und Abschied*）、《对月》（*An den mond*）、《寄运命》（*An das Schicksa*）、《水上之灵歌》 （*Gesang der Geisterüber den wassern*）、 《漂泊人的夜歌》（*Wanderes Nachtlied*）、《献辞》（*Die Zueignung*）等。

（3）余祥森：《德意志文学》（万有文库第一集，商务印书馆，1930 年，36—37 页）

全书分概况、诗歌、戏剧、散文及小说四章介绍德国文学，第二章"诗歌"中有对歌德诗歌创作的简略概况，称："使德国文学、古典文学，吐光芒万丈，辉映世界者，则诗圣歌德是也。歌德之于诗，用词之平淡，寄意义之深切，按韵之自然，于德国文学首屈一指。"

（4）唐性天编：《德国文学史略》（江汉印书馆，1932 年，66—67 页）

编者序，写于五四之前。分四编，其中第四编第十六章"歌德的传记"，第十七章"歌德的著作"分别论述诗歌、戏剧、小说等。

该书强调歌德诗歌来源于他丰富多彩的人生，也谈及他对前人的超越以及他在德国文学史中的至高地位：

歌德的诗集，几乎全是他的传记。在当时阿那克雷温一派无病而吟的诗，就因此终止了。此外自来受诗法和修词学所支配的诗，不由作者内心发出的虚弱的抒情诗，也全然破坏了。所以歌德的诗，把德国的诗分为前后二大时期了，犹如日夜之分。诗圣歌德的诗，又能把后来之所谓写实主义和理想主义的争论也很明白地解决了。诗人是否描写亲自所见的事实，与乎是否绝对的一样？或是诗人是否应该丢开事实只描写自己所想像的景况，和他自己所能感觉的情绪？这些问题到了歌德眼里，都变成无意识了。他以为大师才是能把现实生活，有（由）这个人生的污浊中取出来，提高到一定的限度，来赞美他，使一般人都能相遇于这艺术的认识之中。

（5）张竞生译（摘译）：《歌德自传》（烂漫派丛书，世界书局，1930年）

该书系歌德的《诗与真》一书的节译本，叙述歌德自1岁至27岁的经历。

（6）黎青主著：《歌德》（万有文库，商务印书馆，1930年）

该书为歌德生平传记，内有大段描述歌德诗歌写作的情况，并录有若干首译诗。如第五节"歌德的抒情诗"描述歌德抒情诗直接来源于他的爱情生活，又受到中国诗歌的影响，写到歌德因农家女福利德梨克而作《聚散》，为理梨作《新的爱，新的生命》，又发议论说："爱情都不至于戕贼他的理性，他不但是不会因失爱而自杀，就在最大的爱的福乐当中，他亦不至于丧了他的本来面目。"

（7）柳无忌：《少年歌德》（北新书局，1929年初版，1930年、1931年、1933年再版）

该书记录了歌德早年生平与诗歌创作的情况，译诗皆附有德文，尤其关于歌德初期诗歌的创作，在中文文献中较为罕见。

（8）张月超著：《歌德评传》（神州国光社，1933年初版）

这是关于歌德的比较早且比较完整的传记，宗白华为之作序。其中第五章"歌德的抒情诗"、第七章"意大利之游"、第十一章"东方的憧憬"、第十二章"老年"等章节中均有对歌德诗歌写作的叙述和评论。书中所引的歌德诗作，除一首为陈铨译外，其余皆为宗白华所译。

（9）李长之：《德国的古典精神》，（中西书局，1943年）

该书论述德国古典主义思潮，内容涉及美学、哲学与文学中的著名代表，收录考尔夫《歌德之生活观念》一书，全书包括五个演讲，按时间排列为：《〈东西诗集〉之精神》（1919年）、《歌德及其生活之意义》（1920年）、《〈浮士德〉观念之演化》（1922年）、《古典的人本理想》（1923年）、《歌德之生活观念》（1924年）。

四、结语

概括而言，早期中国对歌德诗歌的介绍、评论多散见于歌德介绍类、纪念类文字（也有一些是译作）之中，德国文学史及歌德传记文学中也常常涉及歌德诗歌的介绍。这些论述多为笼统的概述，系统性、专业性的研究较少，但是依然有几位作家、学者起到了筚路蓝缕的开创之功：郭沫若对歌德诗歌和人格的推崇、田汉的译文、杨丙辰对歌德精神的总结、宗白华对歌德艺术人生的深刻领悟、梁宗岱对歌德的比较研究，特别是冯至对歌德晚年诗歌创作的关注和剖析，都具有很高的学术价值。特别值得指出的是，以郭沫若、田汉、宗白华、杨丙辰、冯至、梁宗岱等为代表，这一时期的研究者多为诗人兼学者的文坛宿将，或者是新文化运动中的担纲者、弄潮儿，对歌德精神的体悟为后世所不及，他们的论述不仅为后来的歌德诗歌研究奠定了基础，也对理解中国现代文化具有重要意义。

参考文献：

[1] 陈淡如. 哥德论 [M]. 上海：上海乐华国书公司，1933.

[2] 顾正祥. 歌德汉译与研究总目（续编）[M]. 北京：中央编译出版社，2016.

[3] 姜铮. 人的解放与艺术的解放——郭沫若与歌德 [M]. 长春：时代文艺出版社，1991.

[4] 卫茂平. 德语文学汉译史考辨：晚清和民国时期 [M]. 上海：上海外语教育出版社，2004.

[5] 杨武能. 歌德与中国 [M]. 北京：生活·读书·新知三联书店，1991.

[6] 杨武能. 走进歌德 [M]. 河北：河北教育出版社，1999 年.

[7] 周辅成，宗白华. 歌德之认识 [M]. 南京：钟山书店，1933 年.

[8] 曾镇南. 外国文学研究方法断想——从冯至的《论歌德》谈起 [J]. 外国文学评论，1987（4）.

作者简介：

欧翔英，四川大学海外教育学院副教授，研究方向为比较文学与应用语言学。

通感现象的多学科研究概况[*]

郑颖琦[1]　郑佳佳[2]

1. 四川大学海外教育学院　2. 重庆市南开中学

摘　要：本文对不同学科领域关于通感的研究概况进行梳理，主要涉及心理学、神经学、物理学、语言学、文学以及美学等领域，对这一典型的跨学科范畴的研究视点及重要成果进行归纳式总结。

关键词：通感；概况；心理学；物理学；语言学；文学；美学

A Survey of Multidisciplinary Research on Synaesthesia

Zheng Yingqi[1] *Zheng jiajia*[2]

1. School of Overseas Education，Sichuan University

2. Chongqing Nankai Middle School

Abstract：This article reviews the general survey of synaesthesia from different disciplines，mainly involving psychology，neurology，physics，linguistics，literature and aesthetics，and summarizes the research perspectives and important achievements of this typical interdisciplinary field.

Key words：Synaesthesia psychology，Physical linguistics，Literary aesthetics

对于通感的描述古已有之，我国传统典籍《礼记·乐记》中将"歌者"

　* 本文得到四川省哲学社会科学重点研究基地川菜发展研究中心"传统文化传承背景下四川饮食文化的国际传播路径研究——基于全球孔子学院的国家战略"项目（项目编号：C17W06）的资助。

之音表述为"故歌者，上如抗，下如坠，曲如折，止如稿木，倨中矩，句中钜，累累乎端如贯珠"①。将难以描摹的听觉感受由更具体可感的视觉词语进行描摹。孔颖达在《礼记正义》中也对其进行了说明："'如抗'者，言歌声上响，感动人意，使之如似抗举也。'下如队'者，言声音下响，感动人意，如似坠落之意也。'曲如折'者，言音声回曲，感动人心，如似方折也。"

孔颖达疏解实质，从通感的角度解释了乐音的力量，将听觉、视觉、运动觉进行融合性说明，同时借用"方折""稿木""矩""钩"等视觉方面的有形之物描摹声音形象，是古代典籍中视觉与听觉融合交通的典型例证。

西方对通感的研究始于亚里士多德，他在《心灵论》一书中从心理感知的范畴对通感现象进行了描述，认为"声音有'尖锐'和'钝重'之分，那是比拟着触觉而来，因为听、触两觉有类似处"。强调其中的"感觉移借"，但亚氏并未将通感纳入修辞格的范畴。

通感作为典型的跨学科研究范畴，涉及文学、语言学、生理学、心理学、文艺学、美学、神经科学、临床医学、哲学等领域，英文为"Synaesthesia"，该词源自古希腊语，表示"共同的"，还表示"感觉的"词根组合，从字面上可以认为是不同感官知觉体验的综合与相互相错。

理查德（Richard E.，2002）指出："通感是一种具有神经基础的感知状态，表示一种感官刺激或认知途径会自发且非主动地引起另一种感知或认识。"由于通感本身的跨界性，汉语中存在"通感""联觉""移觉"等不同的术语形态，通过对不同术语形态的分析，可以看到通感在跨界性方面的不同表现形式。高志明指出，其中的"联觉"针对生理学意义上的"通感"，是发生于生理感官层面的，通常在无意识的状态下，两种不同的感觉经验的挪移与汇合，表现为"一种实际的感觉刺激与另一种非现实刺激所引起的多感官体验……其产生是由于人的脑神经功能把同一事物的不同属性系联在一起，形成的暂时性的生理联系模式"。（高志明，2007）具有联觉的人通常被称作联觉人（synesthete）。根据西姆纳·J.（Simner J）马尔文纳·C.（Mulvenna C.）以及萨基文（Sagiv N，2006）的研究估算，平均每23个人中会有一个人拥有某种联觉。

---

① 周易兼义，《十三经注疏（影印清嘉庆刊本）》，北京：中华书局，第350页。

一、心理学领域的通感问题

法国心理学家儒勒·米叶（Jules Millet）于1982年第一次从心理学的角度提出"通感"概念，开启了心理学领域关于通感的研究。以此为起点，通感为越来越多领域的研究者所关注。

心理学上的通感有两方面含义。第一层含义是指一种基于人类感知的隐喻类比，在语言中体现为"运用有关某一感官印象的词项描述其他感官印象"（李国南，2001）。比如汉语的"苦寒"与英文的"bitter cold"都是以味觉感受来描述触觉感受。第二方面的含义是一种非常态的感觉紊乱，是指"一种由于感觉神经异常链接所导致的感觉紊乱"（王宇弘，2008），由于本身以病症形式存在，中文又称之为"通感症"，例如"个体听到某种声音时，产生鲜明的彩色形象"（林崇德等，2003），在对象的感觉系统中会表现出诸如数字和词语是有颜色、形状、质地或情绪的，能听到声音的"味道"，能听见音乐的"色彩"等。心理学家对这类病例进行观察，通过其脑血流图例发现他们在听到语音或尝到味道的时候，血液的流向方位不是听觉或是味觉，反而是与视觉有关的脑部区域。

二、神经学领域的通感问题

心理学将通感作为一种病例加以研究，而神经科学领域则试图从人类的生理共性方面说明通感缘由及其产生机理。根据雷淑娟（2002）的介绍，人的某些感觉器官接受外物的刺激，经过内导神经传导大脑皮层，进入能够引起兴奋的相应区域。所对应区域的相对兴奋，会在很大程度上抑制其他区域的兴奋能力，因此不同区域对事物产生不同的反应。但是"大脑皮层的各个'区域'间不是批次鼓励的、相互隔绝的，他们的边缘地带有许多'叠合区'，具有联结、协调、沟通的作用，在'兴奋分化'的同时，产生'兴奋泛化'，引起'感觉的挪移'（雷淑娟，2002）。"根据汪少华（2002）的介绍，安迪·梅尔茨科夫（Andy Meltzoff）提出的"跨感官迁移（Cross-Modal Transfer（CMT））假说"是来自神经学领域关于通感问题的重要成果。达夫妮·毛瑞（Daphne Maurer）提出"新生儿感觉互通假说（The Neonatal Synaesthesia Hypothesis）"，心理学家西托维奇（Cytowic）对有感觉互通症状的患者进行研究，认为"感觉互通不仅仅是一种隐喻，而且是跨感官的心理联想，是一种高级的大脑皮层功能"。安东尼奥·达马西奥（Antonio Damasio）提出的"定时多区域倒摄激活模式（Time-locked Multiregional Retroactivation Model)"（汪少华，2002）也从另一个侧面印证了跨感官心理联想的普遍性。

三、物理学领域的通感研究

物理学领域认为通感是一种固定的条件反射现象，现实生活中，一种事物属性的出现往往伴随另一事物属性的出现，两方面属性同时引起的感觉之间形成了物理性的固定条件联系，就产生了通感。根据宋德生（2006）的介绍，罗伯特·L. 索尔索（Robert L. Solso）认为："通感的机制主要是客观世界物理性质的相似性。比如，明亮的物体可能与响亮的声音有物理上的相似性。"视觉和听觉对象的感知媒介都通过波状形式的介质实现，不同的是，视觉感知依靠光波，听觉感官依靠声波，它们本身都具备物理属性上的相似特征。宋德生同时介绍了马克斯（Marks）关于通感在物理学方面的实验，"他给被试者提供一系列音调，并让被试者用一系列亮度不同的颜色与之匹配。结果发现，音调的高低和颜色的敏感度之间的关系大体上是有规律的，即与高音匹配的是明亮的颜色（bright sounds and loud lights），反之是暗淡的颜色"（宋德生，2006）。同时莱考夫和约翰逊（Lakoff & Johnson，1987）认为："人类在进化过程中还保留了一些残余的适应性机能。"根据陈英和的介绍，黑斯（Haith）伯格曼（Bergman.）、摩尔（Moor）还指出，"人类在早期就表现出来的这种对声音刺激的定向能力，是一种生存的本能，它使婴儿能对各种发出声响的东西保持警惕以免遭到伤害"（陈英和，2006）。正由于此，钱钟书（1962）才认为，在漫长的进化过程中，视觉和听觉之间形成的固定的条件联系，表现在通感上就是视觉和听觉之间的转移，所谓的"耳中见色，眼里闻声"。

"移觉"是在联觉的生理基础上产生的心理现象，生理学意义上的感官相通，必定在心理层面有所体现，表现为生理上的联觉在心理层面的投射，诸如差异性色温所产生的不同的心理感受等方面的体验。而当使用者借助语言的媒介将联觉的生理体验及移觉的心理感受外化为语言表达形式的时候，就形成了"通感"的语言表达方式。因此可以认为"通感"是生理层面的联觉和心理层面的移觉通过语言手段的外化。

四、其他领域的通感研究

除了表现在心理、生理、神经学、物理学等方面，文学、美学、哲学等不同领域都对通感及其功能有不同的侧重性研究，对于通感表现于不同方面的功能性研究，不同研究存在一定的倾向性，如表1所示：

表1　不同学科对通感功能性研究的代表人物和主要观点

研究侧重点	代表人物	主要观点
语言学方面的功能性研究	於宁、李国南、王彩丽	1. 通感现象在人类语言发展过程中发挥着语义拓展，构词及语法构造的作用。（於宁、李国南） 2. 通感在语言学方面的功能：语义功能、修辞功能、认知功能。（王彩丽）
文学方面的功能性研究	钱钟书、金开诚、陆一帆、高明忠、冯广艺、刘雪慧	1. 通感有助于作家生动而全面地表现世界，有助于对艺术感性的充分表现和对艺术奥秘的感悟与融合。（陆一帆） 2. 通感在表达上具有多侧面立体描绘的新奇性，多元化和个性化特点；通感突破了单感觉沟通的局限和时空限制……开拓了艺术表现生活的领域。（高明忠）
美学方面的功能性研究	李勇、汤书昆等	1. 通感句有深层的形而上价值诉求，人类借助通感，可以和本真的自我进行深入对话和沟通……在语言上，通感便成为人们传达对世界本真体验的一种方式。（於宁） 2. 通感的核心是全息化的整体经验，通感的终极意图不再修辞美饰，而在于通过物态化修饰，最终达到与自然万物同为一体的生命境界。（李国南） 3. 强调通感的"哲性品质"，将通感从文艺范畴扩大至自然科学的各个范畴。（李勇、任漫丛）

参考文献：

［1］乔治·莱考夫，马克·约翰逊. 我们赖以生存的隐喻［M］. 何文忠，译. 杭州：浙江大学出版社，2015.

［2］Cytowic，Richard E. Synesthesia：*A Union of the Senses*（*2nd edition*）［M］. Cambridge，Massachusetts：MIT Press，2002.

［3］Simner J，Mulvenna C，Sagiv N. Synaesthesia：The Prevalence of Atypical Cross-modal Experiences［J］. *Perception*，2006.

［4］陈英和. 认知发展心理学［M］. 杭州：浙江人民出版社，1996.

［5］冯广艺. 超常搭配的通感效应［J］. 绥化师专学报，1993（3）.

［6］高明忠. 论艺术的通感及其表达效应［J］. 语文教学与研究，1986（9）.

［7］高志明. 通感研究［D］. 福州：福建师范大学，2007.

［8］金开诚. 艺术通感的心理内容［J］. 社会科学，1980（6）.

［9］雷淑娟. 通感意象言语呈现策略探微［J］. 修辞学习，2002（5）.

［10］李国南. 辞格与词汇［M］. 上海：上海外语教育出版社，2001.

［11］李国南. 论"通感"的人类生理学共性［J］. 外国语，1996（3）.

［12］李勇. 论文学通感的"哲"性向度［J］. 社会科学，2007（1）.

［13］林崇德，杨治良，黄希庭. 心理学大辞典［S］. 上海：上海教育出版社，2003.

［14］刘雪慧. 通感的弹性美［J］. 首都师范大学学报（社会科学版），1985（1）.

［15］陆一帆. 文艺心理学［M］. 南京：江苏人民出版社，1985.

［16］钱钟书. 通感［J］. 文学评论，1962（1）.

［17］宋德生. 通感单向印社的工作机制［J］. 外语与外语教学，2006（8）.

［18］汤书昆. 东方审美至境——"通感"再阐释［J］. 江海学刊，1998（5）.

［19］汪少华. 通感·联想·认知［J］. 现代外语，2002（2）.

［20］王彩丽. 通感——从修辞到认知的过程分析［J］. 广东外语外贸大学学报，2007（7）.

［21］王宇弘. 通感隐喻的认知基础和哲学意义［J］. 外语与外语教学，2008（4）.

［22］於宁. 从汉语角度看"通感"中的语义演变普遍原则［J］. 修辞学习，1992（4）.

［23］周易兼义. 十三经注疏（影印清嘉庆刊本）［M］. 北京：中华书局，　　　　　　.

作者简介：

　　郑颖琦，四川大学海外教育学院教师，四川大学文学与新闻学院在读博士，主要研究方向为现当代汉语词汇与对外汉语教学。

　　郑佳佳，重庆南开中学教师，主要研究方向为汉语国际推广。